地理中的中国史

· 人文篇 ·

艾公子 著

成都地图出版社

图书在版编目（CIP）数据

地理中的中国史. 人文篇 / 艾公子著. -- 成都：成都地图出版社有限公司，2025. 1. -- ISBN 978-7-5557-2726-2

Ⅰ. K928.6

中国国家版本馆CIP数据核字第2024BP9029号

地理中的中国史（人文篇）
DILI ZHONG DE ZHONGGUOSHI（RENWEN PIAN）

著　　者：	艾公子
责任编辑：	王　颖
封面设计：	水玉银文化
出版发行：	成都地图出版社有限公司
地　　址：	成都市龙泉驿区建设路2号
邮政编码：	610100
印　　刷：	唐山富达印务有限公司
开　　本：	690mm×980mm　1/16
印　　张：	15
字　　数：	220千字
版　　次：	2025年1月第1版
印　　次：	2025年1月第1次印刷
书　　号：	ISBN 978-7-5557-2726-2
审 图 号：	GS川(2024)332号
定　　价：	59.00元

版权所有，翻版必究
如发现印装质量问题，可以与承印厂联系调换

序

东汉建安十二年（207年），27岁的诸葛亮向三顾茅庐的刘备献出了著名的隆中对。

隆中对的核心，是为刘备分析当时的天下大势，建议刘备占据荆州、益州作为根据地，并联合孙权共同对抗曹操，此后十几年间，刘备以此为战略思想东征西战，建立蜀汉。刘备死后，隆中对又成为蜀汉的基本国策，一直延续到蜀汉灭亡。

隆中对的本质，是诸葛亮对当时的天下大势所作的历史、政治、军事、地理分析。

早在建安六年（201年），刘备为曹操所败后投奔荆州刘表，并四处寻访人才时，名士司马徽就曾经对刘备说："那些儒生都是见识浅陋的人，岂会了解当世的事务局势？能了解当世事务局势的才是俊杰。"在司马徽看来，熟读诗书外还须了解历史地理和政治军事，否则难堪大任。司马徽因此特地向刘备推荐了卧龙（诸葛亮），而诸葛亮则为刘备建立蜀汉提供了战略规划。

我们所熟知的历史典故，无论是烛之武退秦师、唇亡齿寒，还是汉武帝张国臂掖征服河西走廊、前秦苻坚自诩投鞭断流，或是安史之乱中张巡死守睢阳力保江淮、宋元襄阳之战等故事中，均潜藏着深刻影响中国历史走向的历史地理知识。

可以说，无论是治国、经营还是谋身，了解荆州、江南、河东、燕云十六州以及淮河、蜀道、秦岭、关中平原、黄土高原、河西走廊，乃至西域、丝绸之路、长城、大运河等人文和自然领域的历史地理知识，是我们读懂中国历史、了解古今、运筹帷幄、建构宏观知识体系的必备一环。往高了说，如果我们要建构属于自己的视角，那么我们就必须了解历史地理。

按照历史地理学家邹逸麟先生及相关学者的定义，历史地理学是研究历史时期地理环境的变化及其规律的科学。历史地理又包含人文地理和自然地理两大分支。早在东汉时期，史学家班固就编撰了《汉书·地理志》，这也是中国历史地理的学术渊源。此后，从北魏郦道元《水经注》，到宋代的《太平寰宇记》《舆地纪胜》，再到明末清初顾祖禹的《读史方舆纪要》，历代地理学家都对中国的历史地理沿革进行了阐述。

但邹逸麟先生及相关学者认为，在20世纪以前，中国的历史地理研究仍属于沿革地理，"沿即沿袭，革即变革"，沿革地理"主要研究历代疆域、政区制度、地方名称和方位、水道名称和流经的沿袭和变革"，还没有进入到现代历史地理的研究时代。

到了晚清民国时期，先是1909年张相文创办"中国地学会"，并出版会刊《地学杂志》；到了20世纪30年代，史学大家顾颉刚又牵头成立了"禹贡学会"，并创办了《禹贡》半月刊。

"中国地学会"和"禹贡学会"分别专注于中国地学和历史地理研究，对于它们的成立和《地学杂志》《禹贡》半月刊的先后创办，北京大学历史地理研究中心教授韩茂莉评价"是中国历史地理学发展的重要里程碑"。

1950年7月，从英国利物浦大学地理系博士毕业归来的侯仁之先生发表了《"中国沿革地理"课程商榷》一文，提出将"中国沿革地理"改称为"中国历史地理"。大概从1953年开始，史学大家史念海开始编辑《中国历史地理纲要》讲义，北京大学历史系教授辛德勇先生认为，史念海的《中国历史地理纲要》是"现代学科意义上的历史地理学已在中国全面建立的重要标志"。

此后70年来，中国历史地理研究在国内蓬勃发展，范围涉及历史自然地理、历史农业地理、历史人口地理、历史城市地理、历史聚落地理、历史交通地理、历史工商业地理、历史政治地理、历史军事地理、历史文化地理等各个领域。

对个人而言，历史地理对我们读史修身至关重要，熟知中国历史地理也是普通读者读史进阶的必经之路，尤其是在今天这个百年未有之大变局的大争之世，如果我们对历史地理一无所知，那么所谓立足中国、观察世界就无从谈起。

所以，如果我们要为自己建构一个观察大争之世的视角，那么，从人口、城市、自然、交通、工商业、军事、政治等各个历史地理的角度切入，将有助于我们从一开始就高瞻远瞩，从更宏观的角度去读懂中国的古往今来，进而为自己安身立命、观察世界打下根基。

本书的写作，正是源自这样的初心。2008年硕士毕业后，我最先在《南方都市报》任职记者。因为长期从事时事政治报道，所以在离开南方报业于2017年创办"最爱历史"后，我们团队一直坚持"古为今用、以古鉴今"的写作宗旨，在陆续出版了一些中国历史知识的书籍后，我们开始发心要写作一本有关中国历史地理的图书，从历史与地理交互的角度，用史学的严谨精神与通俗的语言，来为广大的粉丝和读者朋友们呈现中国的历史地理沿革变迁。历时3年，才有了今天的作品。

本书按照历史地理的两大内容，将所思所感分为《地理中的中国史（人文篇）》和《地理中的中国史（自然篇）》。《人文篇》从"古都地理""海洋时代"等五大篇章阐述，《自然篇》则从"大江大河""山脉奇观""边疆史诗"等五大篇章出发。内容涵盖胡焕庸线、长城、大运河、淮河、珠江、蜀道、秦岭、黄土高原、河西走廊等深刻影响中国历史走向的历史地理概念和历史故事，希望由此帮助读者建构起一个有血有肉、有故事、好记忆的中国历史地理框架。

本书作者为"最爱历史"团队的郑焕坚、吴润凯、陈恩发、梁悦琛、李立廷。"最爱历史"从2017年创办以来，一直秉持初心，希望以通俗语言融合媒体深度报道的写作方式，以讲故事的形式重述中国历史，在遵循史实的基础上，让历史变得更好看、更生动、更让人记忆深刻。我们希望以团队之力，用我们的余生去完成这样一套成体系的中国史系列著作。路漫漫其修远兮，我们也将不懈努力奋斗。

以上，谨为序。

艾公子·郑焕坚

2024年12月

目录
CONTENTS

第一章　宏观中国

1. 中国历史十字架构：王朝由衰及兴的转折点在哪里　　002
2. 现代省域的形成：为什么中国省份边界总是蜿蜒曲折　　017
3. 胡焕庸线：一条分界线如何牵动十四亿中国人　　022
4. 统一大业：为什么只有中国长期维持大一统局面　　032

第二章　古都地理

1. 长安与关中平原：为什么中国人总是想要"梦回大唐"　　042
2. 洛阳与河洛地区：洛阳凭什么成为十三朝古都　　059
3. 北京与华北平原：为什么天子非要到北京守国门　　076

第三章　海洋时代

1. 东海：日本留学生为什么背井离乡也要奔向大唐　　088
2. 南海：中国制造下南洋源自哪个朝代　　099

第四章　"消失"的地理概念

1. 古山东：今天的山东和古山东有什么不一样　　116
2. 燕云十六州：燕云十六州分别是哪些城市　　132
3. 古徽州：为什么说徽州是深山里的真江南　　148
4. 河东：你的姓氏来源于哪个世家　　156

第五章　人造地理

1. 江南：江南地区五千年来经久不衰的因素有哪些　　170
2. 西域与丝绸之路：为什么每个朝代都想收服西域　　185
3. 长城：为什么说不到长城非好汉　　200
4. 大运河：隋朝是因为挖掘运河才灭亡的吗　　219

第一章
宏观中国

1 中国历史十字架构：王朝由衰及兴的转折点在哪里

公元前202年，在结束为期4年的楚汉之争、击败楚霸王项羽后，刘邦面临着一个棘手问题：那就是汉帝国的国都，究竟是要建在长安，还是洛阳？

这一年，他的车驾来到洛阳，大有在此定都的意向。

对于刘邦和他手下的文武大臣来说，他们的故乡大多在崤山以东，定都洛阳，更接近他们的家乡，并且洛阳东有成皋（虎牢关），西有崤、渑（崤山、渑池），背靠黄河，面临伊水、洛河，形势险峻，是易守难攻的险要之地。

正当刘邦属意定都洛阳之时，来自齐地的一个戍卒娄敬求见了刘邦，并向刘邦献言说："大王你为何要选在洛阳这个小地方呢？秦地（关中一带）被（崤）山带（黄）河，四塞以为固，卒然有急，百万之众可具也。因秦之故，资甚美膏腴之地，此所谓天府者也。"

娄敬说得在情在理，刘邦有所动心。他明白，4年楚汉相争中，他屡屡被项羽击败、狼狈逃命，都是驻守在关中一带的萧何，及时征兵、运粮救急，他才得以多次逃过大难，最终反败为胜，击败项羽夺得天下。但娄敬毕竟只是一个小兵，跟那些建议定都洛阳的人相比，人微言轻，刘邦心里有些难以定夺。

关键时刻，张良站了出来。

张良也力主定都长安，他说："洛阳虽然险固，但地方太小，方圆不过数百里地，田地薄，四面受敌，此非用武之国也。相反，长安隶属关中地区，东有崤山、函谷关之险，西有陇山和岷山，中间沃野千里。它南有巴蜀之饶，北有胡苑之利，阻三面而守，独以一面东制诸侯……此所谓金城千里，天府之国也。"

张良分析得入情入理，刘邦最终定计，将西汉国都定于长安。

纵横四海，岁月交织

刘邦依托关中，击败项羽，定都长安。这里面，潜藏着中国历史地理的一个惊天秘密。

在刘邦之前，周武王依托丰镐（也称宗周，即丰京和镐京，位处今天陕西西安境内）所在的关中地区，征伐攻灭了位处今河南安阳一带的商朝；秦始皇则是依据秦国立足关中地区的地理优势，最终得以耀武东方、消灭六国、统一天下；而在汉朝之后，北周武帝宇文邕也是凭借着立都长安、坐拥关中的有利形势，最终以弱小的国力，消灭了位处东方的强大北齐，从而统一北方，并为后来的隋朝统一天下奠定了基础。

后来，隋朝定都于大兴（今陕西西安境内）。到了隋朝末年，隋炀帝的表哥李渊趁着天下大乱，抢先进入关中地区夺取大兴，最终也是以关中地区作为基地，征服了各路割据势力，进而一统天下，建立了强盛的大唐王朝。

这些历史事件，它们有一个共同点，即这些王朝赖以发家取胜和兴盛的路径，都是：

从西向东。

而在从西向东的神奇路径之外，在中国的历史地理演进中，还潜藏着另

外一个惊天秘密,那就是:

从北向南。

280年,沿袭曹魏强大基础的西晋,最终渡江南征,消灭东吴,一统天下。

588年,隋文帝派遣大军渡江攻打南陈,最终于589年统一全国,结束了长期分裂的局面。

1127年,女真人南下攻占东京(今河南开封),俘虏宋徽宗和宋钦宗,灭亡北宋。

1644年,清军南下入关,最终攻灭南明和各地反抗势力,建立起对全国的统治。

后来,解放军也是依托北方,从东北反攻南下,一路攻坚,最终解放全国。

可以看出,从西向东、从北向南,在中国的历史地理时空迁移中,有着多么神奇的一种组合和趋势。

难道,这真的仅仅只是一种巧合?

对此,北京邮电大学客座教授倪健中在《东西论衡:天平上的中国》中指出:"'十'字是中国人的天下……先横后竖,先左后右,从上到下,十字的运笔方向竟然与中国历史重心(尤其经济重心)由西向东、从北向南的转移轨迹惊人地吻合。"

可以说,一个"十"字,潜藏着中国历史从西向东、从北向南的大历史、大趋势和大走向之奥秘。

根本之地:军事政治的基础

对于中国历史呈现的从西向东、从北向南的历史、战略趋势,古人也看出了端倪。

明末清初的魏禧就在《读史方舆纪要》的序言中指出，要"有根本之地，有起事之地"。曾国藩则更进一步指出："自古行军之道不一，而进兵必有根本之地，筹饷必有责成之人。故言谋江南者必以上游为根本，谋西域者必以关内为根本。"

魏禧和曾国藩的眼光都很独到、老辣。影响中国历史从西向东的趋势中，这个"根本之地"就是关中平原；而另外一个影响中国历史趋势的从北向南的"根本之地"，就是淮河流域。

作为秦人起兵和养兵的基础，关中地区南有秦岭、北有黄土高原作为屏障，八百里秦川四周高、中间低，这种平原与山地相结合的山间谷地，使得关中地区成为冷兵器时代的"四塞之国""形胜之地"。无论是周武王、秦始皇，还是汉高祖、北周武帝、唐高祖，他们都是依托关中地区，最终从西向东征服了天下。

但以长安为核心的关中地区，它的政治早熟，也造成了它的生态早衰。

在经济地理学中，有一个名词，叫作"消聚性衰退"，说的是一个地区发展到一定程度时，由于环境和资源的破坏，就会开始衰落，而关中地区，正是这种消聚性衰退的典型案例。

在隋唐以前，关中地区（关中盆地）原本是沃野千里、森林密布的生态环境优美之地。但是从秦汉时期开始，从城市营建到居民日常生活，以及大规模的农业开垦，使得关中盆地周边的原始森林遭到了毁灭性破坏。

由于森林资源日趋枯竭，失去了森林的涵养，曾经"八水绕长安"的长安城内外，渭、泾、沣、涝、潏、滈、浐、灞等八条河流的水流量越来越小。到唐朝末年，泾水、渭水、灞水等河流的水流量已经很小，龙首渠、清明渠等人工渠道也相继干涸；北宋时，"八水"中的潏水，水流量更是小到了人可以蹚水过河的地步。

据统计，从唐宋开始，关中地区有关水清、涸竭、断流的记载共22次。

其中，清朝康熙二十二年（1683年）至雍正六年（1728年）的45年间，作为滋润长安最重要的河流——渭河及其支流，有记载的断流，更是达6次之多。

随着森林的砍伐，关中地区的水土流失也越发严重，这就使得关中地区的自然灾害发生频率增加：有雨则洪水泛滥，无雨则干旱成灾。

据统计，自唐朝武德七年（624年）至开元二十九年（741年）的100多年里，长安周边的地区，共发生了20起大型自然灾害，其中有10次旱灾、7次水灾以及3次蝗灾。

陕西省气象局根据史料记载进行统计发现，从公元前3世纪的秦朝开始，关中地区的水灾和旱灾，随着时间的推移越来越多，其中唐朝中期的8世纪，竟然发生了37次旱灾，平均每2.7年就发生一次。

一方面是森林面积和水资源日趋锐减；另一方面，隋唐时期的长安城，人口规模却越来越庞大。

历史数据显示，西汉时期，长安城的人口只有25万人左右，然而到了盛唐时期，长安城的人口高达百万。

与人口日益膨胀相对应的是，关中地区的可耕地越来越少。

当时，由于森林砍伐、水土流失严重、土地盐碱化、肥力减退等原因，关中地区的灌溉农田，从西汉时期的4.45万顷，锐减到了唐朝代宗大历年间（766—779年）的0.62万顷。

也就是说，相比西汉，人口膨胀高达400%的唐朝长安城，周边的土地灌溉面积却同比减少了3.83万顷，衰减率高达86.1%。

生态环境日趋恶化，地少人多，这就使得早在隋唐时期，长安城就经常性地出现缺粮的窘境。到唐朝缺粮最高峰时期，长安城粮食缺口达400万石（约合1.68亿公斤），后来虽然有所回落，但每年的粮食缺口，仍然高达100万石（约合4200万公斤）。

在此情况下，即使是在"年谷丰登"的丰收年份，唐朝长安城也仍然粮食紧缺,"人食尚寡",一旦发生水、旱、蝗等自然灾害,就不得不东迁到洛阳就食。以唐高宗为例,他在位共34年(649—683年),就有11年5个月住在洛阳,其中史书有三次明确提到唐高宗东出是因为长安缺粮迁到洛阳"就食"。在丈夫唐高宗李治去世后掌权的武则天,在683年至705年的22年间,更是有19年住在洛阳,其主要原因也是洛阳更加靠近江淮地区等粮食主产地,有漕运之便。

从秦朝到五代十国时期,中国的政治中心,长期在长安、洛阳之间摇摆。例如西汉定都长安(今陕西西安),东汉定都洛阳,随后西晋和北魏也定都洛阳,而完成大一统的隋朝营建大兴城为国都,唐朝随后将大兴城易名长安城。作为定都的两大双子星,长安与洛阳互为兄弟,但历史在这种摇摆之中,开始出现了从西向东迁徙的趋势。

前文说过,长安所处的关中地区作为中华民族最早开垦的农耕区域,到了唐朝时,已经出现了很明显的生态恶化趋势,在此情况下,长安逐渐失去了立都的环境优势。

而在丧失环境优势的同时,战乱也加剧了关中地区的衰落。

安史之乱(755—763年)以后,长安先后被吐蕃、乱兵和黄巢的农民军轮番攻占,破坏严重。到了唐昭宗天祐元年(904年),军阀朱温强迫唐昭宗迁都洛阳,并拆毁长安城内宫殿和民舍,取其木材营建洛阳,"长安自此遂丘墟矣"。

长安陨落后,洛阳迎来了最后的短暂辉煌。唐朝的最后三年,以及五代十国时期的后梁、后唐、后晋,都曾经建都洛阳。与距离黄河相对较远且有黄河三门峡天险阻隔、物资运输艰难的长安相比,洛阳在隋炀帝兴建大运河后,易于接受来自南方的粮食和税赋,因此,洛阳在隋唐时期以及五代十国初期,一直是帝国的重要国都。

东京梦华，玉带明珠

在中国历史地理"从西向东"的历史性迁徙中，洛阳尽管在唐朝灭亡后，一度在五代十国时期短暂复兴，但"长安—洛阳"的"从西向东"历史走向还在不断递进。接下来，另一座城市将在"从西向东"的迁徙路线上隆重崛起。

对于一个王朝而言，选择定都何处，军事安全与经济补给是两个核心因素。从唐朝开始，长安由于生态环境恶化等原因，加上经济补给日益艰难，最终被放弃。此后，得益于大运河和黄河的便利，当时洛阳仍然保有建都的优势，但是这种优势，很快就随着另一座城市——开封的崛起而转变。

唐朝安史之乱以后，中国的经济重心逐渐南移，转向长江、淮河一带。当时，来自江淮地区的财赋，普遍需要依赖从隋朝开始凿通的大运河进行运输，因此，位处大运河与黄河交接处，连接江淮要地的汴州（今河南开封）开始迅猛发展。到了晚唐时期，开封已经成为"当天下之要，总舟车之繁，控河朔之咽喉，通淮湖之运漕"的中心城市。

为了获取经济补给，五代十国时期的后晋、后汉、后周，都曾以开封为国都，这使得开封更加飞速发展，从而使得从约公元前1000年的周朝开始至1127年北宋灭亡，在为时2000多年的历史时空里，中国的历史走向以国都走向的"长安—洛阳—开封"为趋势，呈现出了完整、明显的"从西向东"走向。

但是，经济中心与政治中心难以重叠，在拥有经济补给便利的同时，开封却有着一个致命缺陷，那就是明显缺乏军事屏障，无法满足作为政治中心所应有的军事安全因素。

960年，赵匡胤在陈桥驿发动兵变，夺取后周政权，建立北宋。军将出身的他，一直对开封的军事缺陷忧心忡忡。

尽管开封拥有经济和交通便利，但除了北临黄河外，其他三面地处平原，根本无险可守，这导致北宋需要长期在国都开封周边布置数十万兵力，造成冗兵，严重消耗了国力。

由于开封的军事地理缺陷，契丹军队就曾于947年攻破开封，灭了后晋。有鉴于此，赵匡胤从建立北宋伊始，就希望能迁都洛阳，从而利用洛阳周边有山河环绕的地理优势，来减轻其军事隐患。

北宋开宝九年（976年），宋太祖赵匡胤再次巡幸洛阳，并提出计划将国都从开封迁到洛阳。但群臣已经在开封经营多年，考虑到各自的利益，以赵匡胤的弟弟晋王赵光义为首的文武百官普遍反对迁都，这使得赵匡胤不由仰天长叹：

"不出百年，天下民力殚矣。"

发出这一感慨的当年，赵匡胤在斧声烛影之中离奇暴毙，赵光义登基为帝。此后，北宋的迁都计划彻底搁浅，一直到151年后（1127年），女真人轻松南下攻破开封，灭亡了北宋。

视野，格局

中国历史上的国都迁徙，在北宋灭亡以前，尽管也有南北对峙的时刻，但大致仍然沿着"长安—洛阳—开封"的"从西向东"摆动走势。以北宋的灭亡和开封的沦陷为标志，中国此后以国都迁徙作为代表，历史地理走向进入了"从北向南"的趋势。

在先秦以前，夏商周时代的都城营建，主要着眼于在黄河流域的拓展，所以才会选择郑州（夏朝早期国都"禹都阳城"所在地）、安阳、洛阳——这些位处当时的天下之中的城市作为国都。即使在两汉和隋唐时期，国都在长安和洛阳之间长期摇摆，也仍然着眼于黄河流域的开发经营。

这并未脱离农耕民族的经营视野。在"从西向东"的都城选址摆荡之中，来自北方的游牧民族，即将开始剧烈地冲击南方农耕民族的建都视野。

398年，北魏开国皇帝拓跋珪从盛乐（今内蒙古和林格尔境内）迁都平城（今山西大同）。此后，北魏以平城为基地，先后吞并了夏、北燕、北凉，逐步统一了北方。到了494年，北魏孝文帝从平城迁都洛阳，以便进一步控制中原、争夺南方。

如果摊开中国地图，就会看到一个很有意思的现象，那就是北魏时期的平城，以及后来的辽、金、元时期的游牧民族政权所选择的都城北京，都刚好在中国400毫米年等降水量线边缘，这恰好也是游牧民族与农耕民族、游牧区与农业区的分界线。

也就是说，在中国古代都城的选择过程中，平城与北京，从游牧民族的视野和定位来看，恰是游牧民族南下参与争夺中原的桥头堡。

作为游牧民族，在鲜卑人看来，平城是他们进入农业区后所深入营建的大城市，这也是鲜卑人在选择迁都位处中原腹地的洛阳之前，用来经略南方的前沿阵地。

而对于后来的契丹（辽）、女真（金）和蒙古（元）来说，他们选择在平城附近的北京营建王城和国都，核心原因之一也是这里刚好处于游牧区与农业区的交界处。对于他们来说，北京是他们南下中原所夺取的第一座大城市，并且是华北平原重镇，这就有利于他们以此为跳板南下进攻华北平原，进而逐鹿中原攻占全国。

另外，北京还有个优势，就是相对于长安、洛阳、开封等中原腹地城市更加凉爽宜人，即使在最热的月份，北京平均温度也要比前述城市低2—5摄氏度。例如496年，当时北魏已经从平城南下迁都洛阳两年，结果皇太子拓跋恂竟然因为厌恶南方的炎热天气和生活习俗等，试图逃回平城发动叛乱，这惹得孝文帝大怒，最终拓跋恂被废为庶人。

到了947年，契丹军队攻破开封，灭亡后晋。但几个月后就匆匆撤回北方，主要原因之一也是契丹人不习惯开封夏季湿热的天气，所以才无奈北返。

再从心理原因分析。无论是鲜卑、契丹、女真、蒙古还是满族，当时人口往往只有百万或数十万，当这些人口稀少的游牧民族、渔猎民族试图南下君临南方的农业帝国时，面对南方数千万甚至上亿人口，难免存在一种潜在的心理恐惧。因此他们立都平城和北京，也有一个考虑，就是一旦在南方失败，起码平城和北京距离他们的"老巢"还比较近，可以随时撤退。

1368年，明朝大将徐达率军进攻元大都（今北京）。仓皇之下，元顺帝决定撤离大都逃回北方草原，逃亡前他悻悻地说："我岂能再学宋徽宗、宋钦宗（被俘虏）！"

由此可见，北方游牧民族选择平城和北京立都，在心理层面是将其作为毗邻故乡的后路打算的。

衣冠南渡

中国历史进入魏晋南北朝时期后，中国历史地理在"从西向东"之外，随着北方游牧民族的崛起，另外一个历史趋势"从北向南"也开始不断嵌入中国历史走向之中。

由于游牧民族的不断南下，南京开始在乱世之中崛起。

229年，孙权正式称帝，并于当年迁都建业（今江苏南京）。此后，建都洛阳的西晋于280年攻灭孙吴，建都51年的建业一度衰落。但随着西晋的迅速灭亡，317年，司马睿在建康（今江苏南京）称帝，建立东晋。此后，建康又先后作为刘宋、萧齐、萧梁和陈朝的国都，一直到589年陈被隋朝攻灭。

至此，算上三国孙吴时期，加上东晋和南朝宋、齐、梁、陈，南京在这一分裂时期，一度建都300多年。

但这仅仅是南京立都的开始。

从经济角度看，南京的建都，也代表着长江与淮河流域经济的崛起。在汉末以前，中国的经济重心在黄河流域，这就说明了南京为什么在汉末以前一直默默无名。

随着汉末三国以后政治动荡，北方掀起了一波波的人口迁徙浪潮。西晋永嘉之乱、唐朝时期的安史之乱、北宋靖康之变，导致了中国人口的三次大规模南迁，而西晋永嘉之乱以后的第一次大规模人口南迁，其结果就是加速了淮河和长江流域的经济开发。在经济实力和人口发展、国力充盈的加持下，东晋和南北朝时期的宋、齐、梁、陈，才得以依托南京，在南方维持政权200多年。

唐朝安史之乱以后，随着江淮流域的加速开发，中国的经济重心不断南移。当时，黄河中游地区的长安之所以能在安史之乱以后仍然维持唐朝的国都地位，根本原因在于其利用隋炀帝打通的大运河，抽调江淮流域的粮食和税赋。

因此，从江淮流域发展的视角分析，就可以理解为什么在1127年靖康之变以后，南宋会选择在杭州建都。从区域的角度来说，南京和杭州作为江淮流域的重要城市，都具有建都的经济基础。但从军事角度而言，无论是南京还是杭州，虽然适合作为南方政权或地方割据政权（例如五代十国时期的南唐）的国都，但由于地处东南边缘，不利于北上争夺作为中国政治核心的华北平原，这就导致了南京和杭州在中国历史上始终只是作为南北分裂时期或是地方割据政权的国都，而无法升格成为统一王朝的长久国都。其间虽然有明朝建都南京北伐成功的案例，但很快明朝就由于朱棣掌权而迁都北京。从另一层面而言，这也说明了南京和杭州虽然是经济要地，但却难以建立持久的军事优势和政治优势。

对此有评论说，南京绝大部分时候，都只是分裂时期的国都，一旦中国一统，南京就容易出现"金陵王气黯然收"的政治局面。这个评价，也适用于作为南宋国都的杭州，因为在"大同—北京—南京—杭州"的"从北向南"历史走向中,南京和杭州虽然具有经济优势,但在面对游牧民族和北方强权时,其军事缺点经常暴露无遗,这就使得中国历史地理的第二大历史走向,更多时候是"从北向南"而不是"从南向北"。

江淮不改古今流

淮河流域,是中国历史"从北向南"的"根本之地"。

三国末年,曹魏与东吴在淮河一带相持不下。魏国名将邓艾(就是后来率兵进入成都、灭亡蜀汉的邓艾)向司马懿献出高招,说魏国与东吴连年征战,而战线基本僵持在淮河一带,但战事要持续,粮食运输和土地耕耘是基础,因此他建议在淮河南北进行大规模的军事屯垦。最终,魏国灌溉农田二万多顷,使得淮河流域成为魏国进攻东吴的先锋阵地,这为后来承继曹魏的西晋灭亡东吴奠定了经济与军事基础。

从这一点来说,三国战久归司马,其中消灭东吴和蜀汉的幕后最大功臣,以及开启中国历史"从北向南"轴线的首推之人,当数邓艾。

淮河流域同时也是维系南宋100多年江山的生命线。

北宋灭亡后,正是凭借韩世忠等人在江淮流域的英勇抗击,加上岳飞、吴玠等人在中原和秦岭一带的驻守,南宋才最终得以守住半壁江山。而追溯历史,在淝水之战中,东晋能以少胜多、以弱胜强,也正是由于控制了淮河流域的关卡险要,以及募集到了淮河流域的精锐"北府兵"——正是凭借淮河流域的土地、人力和资源,南宋和东晋才得以守住江山。

所以,在中国军事政治的轴线上,"南得淮则足以拒北,北得淮则南不可复保"。也因此,1948—1949年决定性的淮海战役过后,占据淮河地区的解放军百万大军得以挥师南下、势不可挡,最终一举击败国民党军队,建立新中国。

追溯历史，除了明朝初期以外，北京在南宋灭亡以后大都是作为政治中心而存在。这里面，不仅有游牧民族与农业民族相持的较量因素，更因其内涵超越了"从北向南"的中华视野，拥有了世界史的意义。

江山永固，日月长恒

尽管开国皇帝朱元璋以南京立都起家，但明朝（1368—1644年）建立仅仅31年后，随着老父亲朱元璋的去世，镇守北京的燕王朱棣就发动叛变，最终于1402年攻占应天（今江苏南京）篡夺帝位。

朱棣夺位后，出于回归自己起家的兴王之地考虑，开始谋划迁都北京。称帝后19年，朱棣于1421年正式迁都北京。此后，北京作为国都的地位，只在民国时期（1912—1949年）有所反复。

以当时的大背景来看，朱棣选择迁都北京，也有出于斗争的角度考虑。元朝虽然在1368年退出大都（今北京），但残余的北元仍然实力雄厚，一直到1388年才取消国号，其各部落虽然此后陆续分裂，但仍然保持着雄厚的军事实力。

朱元璋在世时，就曾经多次派兵北伐追击北元残余。朱棣夺位后，也多次从北京出兵北伐蒙古贵族势力，他本人更是在1424年死于北伐回师途中。

从经济地理角度而言，元明清时期的北京之所以能维系国都地位，主要有赖于京杭大运河等交通运输要道。通过大运河，来自南方的财粮税赋得以源源不断地供应北方，从而支撑了资源相对匮乏的北京的发展。

但从军事地理角度而言，由于北京位处游牧民族与农耕民族交界地带，因此朱棣迁都北京，就使得此后明朝的国都一直处于军事战争的前线，等于天子守国门、国都作边塞。由于北京东边与南边都是华北平原，一马平川无险可守，这就使得明朝时的蒙古势力和后来的清军屡屡突破长城、兵临北京城下。在1449年的土木堡之变中，意欲北伐的明英宗更是被蒙古势力俘虏，成为后世笑话；而1644年清军在突破山海关后，几乎没花什么大力气就轻易攻占了北京，成为清朝入主中原的开始。

对于北京作为国都，在游牧民族与农耕民族对峙时期所内含的严重军事缺陷，史学界也有观点认为，中国从秦朝到宋朝，一直都是以农耕民族的视角去观察世界，而所谓北京是边境城市的观点，就是从传统的农耕民族格局去看待世界的。

今天的世界史学界流行一个观点，就是很多史学家认为，真正的全球化大历史，其实是从蒙古帝国开始的。从成吉思汗开始，蒙古东征西讨，建立了一个横跨欧亚大陆的超级帝国，所以，以元朝为核心的蒙古帝国，本质上是一个跨越农耕民族和游牧民族视野、真正将欧亚大陆的农耕民族和游牧民族整合在一起的世界级帝国。

这对青年和中年时代都在北京居住的朱棣，无疑有着深刻影响。

因此，作为就藩北平（今北京）的燕王，深受蒙古帝国的世界性视野影响。也因此，朱棣选择从南京迁都北京，从某种意义上来说，他的视野和规划，是超越以黄河、长江为中心的传统"中国"地区，而放眼于整个欧亚大陆。

在朱棣的心底，他的梦想是做一个像唐太宗那样的"天可汗"，忽必烈式的超级帝王，建立一个真正统治欧亚大陆、超越"华夷"的共同体，一个"四方来朝"的强盛帝国。

1644年清军入关后，也正是依据北京身处游牧与农耕交界地带的便利，从而建立起了一个横跨游牧和农耕地区的辽阔帝国。

就这个层面看，以北京为中心的明朝和清朝，其疆域虽然几经变化，但其建立的主体部分仍然遗留至今，从而奠定了中国今天疆域的基础。

所以，朱棣迁都北京，也有其宏伟意义。按照英国广播公司在2017年制作的纪录片《紫禁城的秘密》中的说法，朱棣定都北京，奠定了现在的中国在国际上的大国地位。

从这个意义来说，尽管中国在鸦片战争以前缺乏海洋意识，始终以大陆意识深耕这片土地，但是这种"从西向东"和"从北向南"的历史性开发和走向，最终促进了整个中国的不断延伸、拓展和成熟。从这个方面而言，这种"十"字走向对于中国的意义，实在是无与伦比的，同时也是深刻和伟大的。

韩茂莉：《中国历史地理十五讲》，北京大学出版社2015年版

吴松弟：《中国古代都城》，商务印书馆1998年版

周振鹤：《中国历史政治地理十六讲》，中华书局2013年版

王明德：《论中国都城的东渐》，殷都学刊，2007（03）

王双怀：《古长安城的历史兴衰与沉浮》，人民论坛，2017年9月5日

王军、李捍无：《面对古都与自然的失衡：论生态环境与长安、洛阳的衰落》，城市规划汇刊，2002（03）

蔡云辉：《战争与古代中国城市衰落的历史考察》，河南师范大学学报(哲学社会科学版)，2006（01）

陈东：《唐长安城毁灭的历史地理考察》，西安教育学院学报，2003（03）

2 现代省域的形成：
为什么中国省份边界总是蜿蜒曲折

为了争夺汉中地区，刘备与曹操杠上了。

东汉末年，建安二十二年至建安二十四年（217—219年），已经夺取四川地区的刘备率军北上，与曹操就争夺汉中相互攻战。战争旷日持久，兵力弱小的刘备派人到成都，让诸葛亮调兵支援，但诸葛亮犹豫不决。

对此，谋士杨洪向诸葛亮进言，说汉中是益州（今四川）的咽喉和门户，汉中之争，是"家门之祸、存亡之机"，因此力谏诸葛亮举全蜀可用之兵"男子当战，女子当运"，进行全民动员。

在诸葛亮的调度支援下，经过两年战争，刘备最终击败曹操，夺取汉中，并称"汉中王"。而后来诸葛亮多次北伐，也是以四川、汉中为基地。

尽管汉中自古与四川联系紧密，但在今天的中国省界划分中，可以清晰地看到，在地理、语言和民俗上与四川更为接近的汉中，却被划归到了陕西省。这又是为什么呢？

这就要提到中国行政区域划界的两个重要原则："随山川形便"以及"犬牙交错"。

所谓"随山川形便"，是指依据山脉、河流、湖泊等自然地物作为行政区域边界，使得行政区域与自然地理保持一致的划界方式。在今天中国的省界划分中，海南的这一原则是非常明显的，就是以海岛独立建省；广东则是大体沿着南岭的山脉走势，划分与湖南、江西、广西、福建的界限；而山西则大抵是以太行山为界划省。

尽管管理方便、划界清晰，但"随山川形便"也产生了一个显而易见的问题，那就是：割据。

以山西为例，民国时期，阎锡山就是凭借山西的有利地形进行割据，长期坐稳了"山西王"的宝座，以致当时各路军阀和蒋介石对他基本上是无可奈何。一直到1949年解放军击败阎锡山的晋军后，山西割据的问题才得以解决。

而以汉中为例，刘备之所以要与曹操耗时数年争夺汉中，就是因为汉中是四川的北方门户，夺取汉中则可保四川，否则门户大开，益州是守不住的。而日后魏国攻灭蜀汉，钟会的大军也是先攻占汉中，然后再由邓艾从景谷道偷渡进兵绵竹，最终才夺下成都灭亡蜀汉。

历史上，汉中地区长期归属四川，而地理上的隔绝更是有利于割据自立，因此自古以来，便有"天下未乱蜀先乱，天下已治蜀未治"的说法流传。北宋、南宋之际，宋人更是长期依据汉中等地的秦岭这一有利地形，抵御女真和蒙古的进攻。

在灭亡南宋后，蒙古族意识到了汉中的重要意义，最终在元朝时，汉中盆地被划给陕西管理，从而使四川失去了汉中这一咽喉门户和天然屏障。汉中划归陕西管辖后，从陕西出兵，可由汉中直接进入四川要害之地，从而防止四川割据分裂。从行政区域划界来说，这种方法就叫"犬牙交错"。

"犬牙交错"的弊与利：秦始皇的心机

尽管"随山川形便"划界清晰、管理方便，但类似四川、山西这种有利于割据的地形，也成了中国古代历代统治者在划分行政区域时，不得不重点考虑的问题。而早在中国第一个大一统王朝秦朝时，秦帝国就考虑到了"犬牙交错"的问题。

秦末天下大乱后，赵佗率领南下的五十万秦军依据南岭割据自立，建立了南越国。但在南越国的国君心中，始终有一根刺，那就是政府的行政规划中，为了防止岭南的割据自立，特地将南岭以北的桂阳郡的桂阳县治设置在了今天的广东连州。也就是说，汉朝建立后，虽然南越国仍然存在，但桂阳县却像一个楔子一样嵌入了岭南和南越国的腹心边缘。

为了拔掉这根刺，赵佗就曾经写信给汉文帝，表示希望汉朝撤销在岭南的属地桂阳县，但对此汉文帝直接回信拒绝，并表示"朕欲定地犬牙相入者，以问吏。吏曰：高皇帝（刘邦）所以介长沙土也，朕不得擅变焉"。

睿智的汉文帝当然明白，有了桂阳县这根插入岭南心脏的楔子，日后统一岭南，自然就有了进攻的前沿阵地。到了汉文帝的孙子汉武帝时期，汉帝国最终出兵灭亡了南越国，这当中，汉武帝需要感谢政府依据"犬牙交错"原则，所规划留下的刺入岭南的郡地——桂阳县。

以长江和黄河为例，为了消灭南方政权依托长江和黄河天险割据自立的隐患，自古以来，历朝历代的统治者也多有将长江南北、黄河南北的土地归并在一个省区的做法。

以隋朝的江都郡为例，江都郡位处今天的扬州，隋朝修通大运河后，扬州由于毗邻大运河和长江，在军事地理和经济上的重要意义与日俱增。为了防止地方官员依托长江天险和运河通道割据自守，隋朝在设置江都郡的时候，就将长江南北的两片土地整合到了一起，以此将长江天险包容在一个行政区域内，从而消灭割据的隐患，这也是"犬牙交错"的重要运用。

对于黄河天险问题的解决，则出现了一个至今让很多人感到疑惑的问题，那就是为什么河南省的土地，有的却是在黄河以北？例如今天的河南安阳、新乡、鹤壁、濮阳、焦作、济源这六个城市，其实都处于黄河以北，跟"河南"这个名字，好像不太搭边。

实际上，依托黄河天险的问题，历朝历代都存在。明清时期，为了解决这个问题，便将黄河以北的怀庆府、卫辉府、彰德府划给了河南，民国也大抵继承了这种规划。中华人民共和国成立之初，曾经一度将黄河以北的地方划成了平原省，但后来又跟河南合并，这也就是今天河南省的辖境来由。

而从经济角度而言，今天河南省黄河以北的土地，是河南省自然条件最好的地方。自古以来，黄河以南的地区水灾频仍、灾荒不断，而将黄河南北合为一省，从经济角度来说，也可以使南北相互抵消影响，省内相互周济，另一方面，也将黄河天险消融在了同一个行政区内。

从陕西来说，富裕的南部汉中盆地与中部的关中平原一起，可以在经济上周济相对贫瘠的陕北黄土高原地区。

运用极端出问题：元帝国的崩溃

当然，"随山川形便"以及"犬牙交错"也必须控制得当，否则很容易出问题。

以"随山川形便"来说，太过遵循这个原则，容易导致地方割据。但是，太过讲究"犬牙交错"，也会出现大问题，这方面，元朝就是个例子。

元朝的十个行省，几乎全部属于"犬牙交错"。例如河南江北行省包括淮河南北，将淮河这道屏障包容在内；江西行省、湖广行省全境也是从长江流域跨越南岭，将长江、珠江两大江河分水岭包容在内。

对此，复旦大学历史学教授周振鹤就曾经援引清人储大文的话，来评述这个极端的"犬牙交错"的案例所存在的问题："合河南、河北为一，而黄河之险失；合江南、江北为一，而长江之险失；合湖南、湖北为一，而洞庭之险失；合浙东、浙西为一，而钱塘之险失；淮（河）东、淮西、汉（水）南、汉北州县错隶，而淮、汉之险失。"

所以储大文说："故元、明二季流贼之起也，来无所堵，去无所侦，破一县，一府震；破一府，一省震；破一省，各直省皆震。"

由于各个行省都没有天险作为屏障和守护的依托，最终，在元末的农民大起义中，元军几乎无险可守。元帝国的崩溃，与这种过度讲究"犬牙交错"的行政区域划分有着深刻的关系。

因此，如何均衡"随山川形便"与"犬牙交错"的省界划分原则，是一个值得关注的话题。

韩茂莉：《中国历史地理十五讲》，北京大学出版社2015年版
邹逸麟：《中国历史地理概述》，上海教育出版社2007年版
史念海：《历史地理学十讲》，长江文艺出版社2020年版

3　胡焕庸线：
一条分界线如何牵动十四亿中国人

这是一条渺无踪影却真实存在的斜线，一头在中国东北的黑河，另一头位于西南边陲的云南腾冲。

它将中国划分成了两个截然不同的世界，一侧是人口密集的东南半壁，地势平坦，降水丰沛，分布着中国90%以上的人口；另一侧是地广人稀的西部河山，地势崎岖，气候恶劣，书写着中国历史的粗犷与阔大。

当年，其发现者在绘制这条人口密度分界线后惊呼："其多寡之悬殊，有如此者！"

我们在各种地图中可以发现这条线的影子。"八纵八横"高速铁路网中，东部铁路纵横交错，西北铁路一枝独秀；中国夜景灯光地图中，东南沿海群星闪烁，西部灯光暗淡；中国高校分布图中，东部名校如神仙打架，西部学校三三两两，人才流失严重……

人们以其发现者的名字，将这条线称为"胡焕庸线"，也叫"瑷珲（今黑龙江黑河）—腾冲线"。如今，在人定胜天的时代，这条"天命线"依旧主导着中国东西人口分布大趋势，如无形巨墙般顽强屹立，难以打破。

其多寡之悬殊，有如此者

20世纪二三十年代，学成归国的地理学家胡焕庸，致力于人口地理的研究。

在国难当头的年代，作为地理学泰斗竺可桢的高徒与得力助手，年轻的胡焕庸笔耕不辍。他愈发痛惜祖国河山沦于战火，更希望为国家发展作出贡献。

他在那篇绘制胡焕庸线的论文《中国人口之分布》末尾，发出感慨："惜自暴日入侵以后，继有伪满之独立，其地处于他人治下者，迄今已三四年，强邻侵略，日进不已，白山黑水，不知何日方能重返故国……"

正是在这篇扛鼎之作中，34岁的胡焕庸呕心沥血地绘出了中国第一张人口密度图。

由于当时缺乏空间数据的精确计算，他只能徒手搜集数据，将找到的全国与各县人口统计数据表示在一张地图上，以每个黑点代表2万人，将全国4.58亿人口用22900个黑点代替，按照各地人口数量进行标注。

当这张费尽心血绘制的地图呈现在眼前时，胡焕庸大为振奋。他一眼望去，竟发现了一条神秘的对角线："今试自黑龙江之瑷珲，向西南作一直线，至云南腾冲为止，分全国为东南和西北两部。则此东南部之面积，约占全国总面积的36%；西北部之面积，约占全国总面积的64%。惟人口之分布，则东南部计4.4亿，约占总人口之96%；西北部之人口，仅1800万，约占全国总人口之4%。"

腾冲与瑷珲（今黑龙江黑河），是中国西南与东北边境两座八竿子打不着的城市。

云南腾冲为西南丝绸古道通往境外的前沿驿站，地处横断山脉南端、高黎贡山山脉南段西侧较开阔的边缘地带，也是亚欧板块与印度洋板块的交会处，以规模宏大的火山与地热资源闻名遐迩。

明朝旅行家徐霞客将云南作为旅途的最后一站，来到西南边陲的腾冲，这也是他西行之旅最边远的地方。他徒步漫游当地的深山密林后，写下几万字游记，感慨此城"迤西所无"。

与腾冲相隔万里的黑龙江黑河，古称瑷珲，是中俄边境线上的重要城市，地处大兴安岭东端，在历史上曾为肃慎、靺鞨、室韦等民族狩猎采摘的山野之地。

如果将这两座平平无奇的城市作为端点，作一条直线，就是揭示中国人口分布规律的胡焕庸线。

到千禧年之际（2000年），虽然胡先生已经去世，但是胡焕庸线依然存在。那年的人口普查资料显示，东南半壁人口占全国总人口的94.1%，而西北人口占总人口的5.9%，与当初胡焕庸的统计结果惊人相似。

后来专家发现，这条斜跨中国的人口分布线也与半湿润区半干旱区分界线、400毫米年等降水量线、地貌分割线、农牧交错带等高度重合。

胡焕庸线的东南以平原、水网、丘陵、喀斯特和丹霞地貌为主，自古以农耕为经济基础；该线的西北方是草原、沙漠和雪域高原的世界，大多是游牧民族的天下。

与胡焕庸同时期的中国学者，提出了许多打破这条线的设想，其中最著名的当数"移民实边"。

一些学者提出，应该将部分人口迁至地广人稀的新疆、西藏等地，这也是出于戍守边疆的目的，比如陈长蘅在《中国人口论》中说，我国人民"百分之九十三以上皆居于十八省""非积极移民无以厚内地人民之生计，亦无以保满蒙回藏广大之领土"。

此后一个世纪，中国多次尝试跨越胡焕庸线，进行人口迁徙，如中华人民共和国成立后生产建设兵团移民垦荒、高等学校搬迁，20世纪50年代开始的知识青年上山下乡，20世纪六七十年代中西部地区的"三线建设"，以及21世纪之初的西部大开发,但胡焕庸线始终稳如泰山。

2009年,胡焕庸线凭借其重要性,入选"中国地理百年大发现"。

千年成一线

遥远的上古时期,我们的祖先也许已经发现东南与西北迥然不同的生存环境。

在"共工怒触不周山"的神话故事中,共工与颛顼争夺帝位,引发了一场大战。深得民心的颛顼胜出,后来成为五帝之一,共工失败后愤愤不平,用头猛撞支撑天地的不周山,遂使风云突变,山崩地裂。

面对东西山河之异,古人如此想象不周山倾颓的图景:"天倾西北,故日月星辰移焉;地不满东南,故水潦尘埃归焉。"

实际上,胡焕庸线有一个漫长的形成过程。至少在宋元以前,还无法发现这条看不见的线。

据专家研究,在过去的两千多年中,中国人口分布的重心发生了多次变化。起初,人口密集分布在中华民族的摇篮——黄河流域中下游。

公元2年,中国人口重心仍在河南,其中心大约在今陇海铁路张茅火车站(在今河南三门峡)附近。这一时期,是王莽迈向权力之巅的西汉末年。这位善于笼络人心的权臣动了称帝的野心,可当他对大汉朝廷取而代之后,天下却掀起了叛乱,他本人身败名裂,死后被分尸。汉室后裔刘秀在起义军中脱颖而出,建立东汉。

此后,经过多次战乱,人口重心不断向东南迁移,几乎每逢乱世,人口重心都会发生偏移。历经黄巾起义与董卓之乱的东汉末年,人口重心一度迁移到淮河流域;唐末,在安史之乱后的藩镇割据乱局中,人口重心移至今湖北省;元末,人口重心大致在今安徽省,当起义军揭竿而起,最后推翻元朝的也是一个安徽人——朱元璋。

战争只是影响人口迁徙的众多因素之一，就像疾风骤雨，来得快去得也快。如隋朝一统后，西晋永嘉南渡迁往南方的部分人口也曾迁回北方。

关中大族京兆韦氏是一个典型例子。这一大家子在永嘉南渡后分属南北阵营，出了不少能臣名将，南梁名将韦睿与北周重臣韦孝宽都出自京兆韦氏。

隋朝即将统一南北时，南迁韦氏后裔、韦睿之孙韦鼎多次作为南陈使者出使北方，和隋文帝杨坚谈笑风生。他见陈朝灭亡在即，便变卖了全部家产，说："江东王气尽，我当葬在长安。"之后决心投奔隋朝。在隋文帝的干预下，韦鼎率领族人一路西迁，南北两支韦氏回归关中。

一般认为，气候导致的降水差异，勾勒出了胡焕庸线的原型。

13世纪后，中国的400毫米年等降水量线，即半干旱区与半湿润区的分界线，恰好与胡焕庸线高度重合。

这几年有句话叫"投资不过南宋界"。胡焕庸线东南一侧经济发达、人口密集的地区，在历史上大部分曾属于南宋，而胡焕庸线的形成时间也大约在南宋时期，这与历史上几次大规模南渡以后中国东南城市的崛起密不可分，也隐藏着气候的变化。

1230—1260年，中国有一次气候突变，与国际公认的中世纪温暖期结束时间一致。中国科学院科技政策与管理科学研究所王铮通过古代降水的变化，将胡焕庸线形成时间推定为13世纪40年代。

气候悄然地影响着历史，蒙古族在干旱苦寒的草原上崛起，铁蹄踏遍欧亚。

1240年，宋蒙战争已经拉开序幕，几年前，宋理宗发兵与蒙古合谋灭金，一雪靖康之耻，大仇得报后的他沉醉于纸醉金迷的奢侈生活；成吉思汗的子孙继续率军向欧洲推进，攻取今俄罗斯等的大片领土，术赤之子拔都攻克基辅。

胡焕庸线以西以高原山地为主，干旱、寒冷、高山、荒漠、黄土等不利因素，自古以来严重限制着人口增长。

蒙古铁骑与南宋军队对峙近半个世纪，才从湖北重镇襄阳寻得突破口，顺江而下吞并南宋。但在当时，蒙古有另一个棘手难题，即胡焕庸线以西的青藏高原。若不是当时吐蕃政权分立，蒙古大军也难以深入高原。

即便强如蒙古，亦不得不放下兵戈，对吐蕃各地采用怀柔政策。吐蕃高僧八思巴率领民众归附蒙古后，有一次，他面见忽必烈，说："吐蕃不过是边远地方，地狭民困，请不要摊派兵差。"于是，忽必烈奉八思巴为帝师，设置宣政院，掌管全国佛教事务并统辖吐蕃地区（今西藏）的军政事务，对人口稀少、路途遥远的青藏高原加强统治。

到了明朝，已经有学者发现东南、西北的环境差异与人口分布格局。

号称"潮州七贤"之一的明末官员郭之奇就曾用"东南人满，西北土满"形容这一地理现象。若不是后来在战争中牺牲，他或许可以提前几百年画下另一条"胡焕庸线"。

农业与人口增长息息相关，在气候与地形的约束下，胡焕庸线也用一连串"巧合"，印证了它的牢不可破。这条斜穿晋陕内蒙古地区的线，不仅分出了农牧交错带，还成为全国玉米种植带的西北边界。

明清时期，玉米、甘薯和马铃薯等农作物在大航海时代的浪潮中传入中国，为此后的人口大爆炸提供了源源不断的食物来源。

历史学者葛剑雄在《中国人口发展史》中说："明代的人口峰值已接近2亿。"另一位学者何炳棣则考证，在迈入近代的清道光年间，中国人口已经增长到4.3亿。民以食为天，广泛种植的外来农作物功不可没。

来自美洲的玉米，最先在"八山一水一分田"的福建山区扎根，之后翻越南岭，随着福建移民进入江西，继而传入湖南。明末清初的战乱结束后，清廷正式放开山区开垦禁令。玉米沿着"福建—江西—湖广"的路线传播，进入云贵高原与四川盆地，甚至突破长城，传播到内蒙古与东北。

玉米作为东部居民的主粮之一登上了餐桌，却难以迈过胡焕庸线。这一耐寒高产的粮食，也没能在西部的高原与荒漠中广泛种植。因此，也有人将胡焕庸线称为"适宜人类生存地区的界限"。

天时地利之外，还有人和。清朝对东北开禁，完成了胡焕庸线的最后一笔。1644年，清军入关后，下令禁止汉人进入满洲"龙兴之地"垦殖。为了执行禁令，清廷不惜花重本，在东北修筑了1000多公里的篱笆墙，称为"柳条边"。康熙帝在位时规定，到长白山禁地捕蛤蜊、捉水獭、采蜂蜜、挖人参，为首者枷两月，鞭一百。

近代以后，清朝对东北的封禁导致当地人口稀薄，还为日俄侵占东北提供了机会。于是，清朝开始实行"移民实边"政策，撤东北三将军，改设东北三省，即奉天、吉林与黑龙江，允许百姓出山海关，移民东北。一些勇敢的关内人为谋生计，奔赴肥沃的黑土地，与虎狼争食，在遍地是宝的山林中闯荡，最终定居下来，史称"闯关东"。

据统计，1893年，东北三省人口约为600万人，到1930年，东北人口已超3000万人。至此，一条斜跨中国，东边人口密集、西边地广人稀的胡焕庸线，无声无息地屹立在神州大地。

突破胡焕庸线？

有学者用一个词形容胡焕庸线，那就是"顽健"。

改革开放以后，中国东南经济崛起，人口迁移呈现出"一江春水向东流"的趋势，胡焕庸线两侧的人口比例基本稳定，变化甚微。从1990—2014年的数据中可见，东南半壁的常住人口占比保持在93.43%—93.78%之间，而西北半壁人口占比为6.22%—6.57%。

与之相对应的，2014年，东南半壁的GDP占全国GDP的94.18%，而西北半壁的GDP占比为5.82%。胡焕庸线东侧，始终掌握了全国九成以上的人口与经济。

低生育、高流动、老龄化等已成为中国未来人口发展的新常态。根据公布的"七普"数据可见，胡焕庸线呈现出另一种惊人的稳定性。

长期以来，大量人口持续向东部经济发达的地区、市场化程度高的中心城市或都市圈聚集。随着东部人口增加，胡焕庸线似乎有了些许变化，却是进一步向东南方向下垂。

大部分学者认为，没有气候变化，胡焕庸线很难突破，但即便气候突变，西部地形地貌的约束也仍然存在。对此，曾与胡焕庸共事的华东师范大学人口研究所终身教授桂世勋却颇为乐观。

桂世勋有自己的独特视角，在他看来，胡老先生当年绘制胡焕庸线时，国家90%以上是农村人口，主要产业是农业，受自然环境因素影响严重，而如今第二、第三产业的发展及基础设施、公共服务资源的建设已经彻底改变了国人的生活。

近几年来，数字经济在西部崛起，为其观点提供了佐证。电商、物流等新兴行业越过胡焕庸线，入驻西部城市。数据显示，2014—2018年，东西部物流到货时间差距缩小了9.25%，新疆阿克苏、西藏日喀则等数十个西部城市也实现了"货物一天运"。

桂世勋认为，到2050年，西北半壁人口占总人口比重上升到10%以上，还是有可能的。

然而，打破自然规律、擅自逾越胡焕庸线也曾带来深刻教训。

若干年前，中国科学院通过卫星遥感，对我国西部12省区土地承载力进行评估，结果发现西部1/5的土地处于超负荷状态。过度开垦、放牧、砍伐，带来一时的利益，却也导致晋陕内蒙古地区土地退化。

陕北榆林，就经历了从"沙进人退"到"人进沙退"的艰苦历程。榆林在历史上曾经是"水草肥美，群羊塞道"的塞外明珠，也是大夏国都统万城的所在地。榆林当地的毛乌素沙漠作为电影《东邪西毒》的取景地广为人知,却鲜有人知道这里并非天然的茫茫大漠,而曾是一片绿色牧场。

由于常年过度开发,20世纪六七十年代,榆林大部分田地已被风沙侵袭,榆林已然变成"沙漠之城"。

为了从沙漠手中抢回田地,当地民众开始了漫长的绿化之路。几十年如一日地种树育苗、防风固沙,如今已染绿了860万亩流动沙区,将陕西全省的绿色版图向北推进了400多公里。榆林在经历逆天而行的破坏后,实现了人定胜天的恢复,也为战胜西北恶劣环境提供了一个成功案例。

1984年,年已耄耋的胡焕庸再次撰文谈及人口分布问题,如是说道:

"平衡应该是指人口与经济的平衡,人口与生态的平衡;合理也应该是指资源的合理开发,生态的合理安排,而不是说人口密度必须各地一样,才算平衡,才算合理……研究人口,研究移民,不能忘记地理实际与生态环境;空泛地谈平衡,谈合理,就会引起人口与生态失去平衡,造成灾难性后果。"

沧海桑田,胡焕庸线至今未破,东南地狭人稠、西北地广人稀的局面依然如昨。

参考文献

胡焕庸:《中国人口地理简编》,重庆出版社1986年版

葛剑雄:《中国人口史》,复旦大学出版社2005年版

邹逸麟:《中国历史地理概述》,上海教育出版社2005年版

鲁西奇:《中国历史的空间结构》,广西师范大学出版社2014年版

胡焕庸:《中国人口之分布——附统计表与密度图》,地理学报,1935(02)

胡焕庸:《我国人口地理分布概述》,人口研究,1982(04)

单之蔷:《中国的突变线——胡焕庸线》,中国国家地理,2009(10)

陈韶旭:《胡焕庸线能否突破?》,文汇报,2015年1月16日

吴瑞君、朱宝树:《中国人口的非均衡分布与"胡焕庸线"的稳定性》,中国人口科学,2016(01)

李建新、杨珏:《"胡焕庸线"以西的西部人口格局》,西北民族研究,2018(01)

4 统一大业：为什么只有中国长期维持大一统局面

中国四大名著之一《三国演义》的开篇，是这么写的："话说天下大势，分久必合，合久必分。周末七国分争，并入于秦；及秦灭之后，楚、汉分争，又并入于汉；汉朝自高祖斩白蛇而起义，一统天下，后来光武中兴，传至献帝，遂分为三国……"

寥寥数行，点出了中国古代历史分分合合的规律，让"分久必合，合久必分"这八个字深入人心。

不仅三国以前，三国以后，这种分分合合的趋势仍未停息。

必然中的偶然

根据史书记载，"当禹之时，天下万国，至于汤而三千余国"，周初分封，"凡一千八百国，布列于五千里内"。可见，夏商周三代，如今的中原地区小邦林立，最多时有"万国"（数字可能有所夸张），后来国与国之间慢慢吞并、兼并、合并，直到西周，还能分出1800个小国。可能现在一个乡镇的规模，就是当时一个国家的规模。

到春秋时期，灭国的数量越来越多，速度也越来越快。据统计，楚灭掉

40余国，晋灭掉30余国，秦灭掉20余国，这三家是春秋灭国排行榜的前三，大家不约而同地走上了兼并崛起的道路。进入战国时期，就剩下我们熟知的战国七雄以及十几个小国了。照这个趋势看，秦灭六国，完成统一大业，既是必然的，又是偶然的——统一是必然，由谁来统一则是偶然。

历史学家研究发现，春秋战国时候的人，已经有了大一统的思想。而这种思想，主要来源于残酷的生存环境。

公元前651年，在春秋第一位霸主齐桓公召集的葵丘之会上，参会的诸侯国达成一条盟约："无曲防，无遏籴。"这是什么意思呢？就是各诸侯国约定，不得修建有碍邻国的水利工程（比如不能以邻为壑，把洪水排泄到邻国去），不得在天灾时人为阻碍粮食的流通（因为国家小，一受灾可能就需要"进口"粮食）。

中国自古就是一个自然灾害频发的国家。历史学家黄仁宇统计，在1911年之前的2117年间，官方有记录的水灾1621次，旱灾1392次。尤其是中华文明的发源地之一——黄河流域，时而润泽大地，时而泛滥成灾。治水，一直是古代中国的重大现实问题。葵丘之会的盟约，相当于想建立一个"联盟"，共同应对当时的问题。但毕竟各成员不属于同一个诸侯国，自我利益至上，盟约很快遭到破坏。领土大一些的国家，防灾情况还好一点儿，可以在自己的国家内实现资源调配，降低风险。领土小的国家，极度渴望形成"联盟"，共同治水和抵御天灾。

梁襄王曾问孟子，天下要怎样才能安定呢？孟子的回答十分干脆："定于一。"意思是要大一统，天下才能安定。这是很有见地的一种观点，在当时的影响也很大，许多国君加入了领导统一大业的行列，都想做"始皇"。

帝国：大一统王朝的开创者

如果要选出对中国统一大业和疆域形成影响最大的朝代，不少人会选择秦汉、隋唐和元清这三组六个朝代。具体来说，秦、隋、元均完成了中国分裂时期的统一大业，而汉、唐、清三朝，则是各自所处帝国时代开疆拓土、实现疆域最大化的朝代。

秦始皇在中国历史上第一次完成大一统，虽然有时代大趋势的助攻，但统一六国、统一度量衡等个人功绩也称得上厥功至伟、实至名归。不仅如此，他还通过构建一系列制度，打造一系列工程，让统一成为中国历史的常态。中央集权制的确立和郡县制的推行，使中央对地方的控制力大大加强。后来对中国统一作出贡献的历朝历代，都承袭秦朝确定的制度并进行了有益的创新。比如隋朝开创的科举制、元朝创立的行省制，都有利于国家巩固统一。

秦朝统一后，为了维持中央集权的局面，采取了"车同轨，书同文，行同伦"的政策。这些政策的重要性，可以这么解释：战国时期，各诸侯国的文化差异很大，车轨、衣冠、法律、语言、文字等都不一样。秦朝将这些规范统一后，在很大程度上消弭了地区间的沟通障碍。到汉武帝时，推行"罢黜百家，尊崇儒术"的措施，进一步减少文化差异，从而在中国内部塑造出共同的文化心理。所以，梁启超说，中国自"秦汉以降，以统一为常轨，而分裂为变态"。

此外，秦始皇修驰道、凿灵渠，加强地区间的交通和联系，从而巩固统一。后来的隋朝开凿大运河，元朝修建全国性驿道系统，道理也是一样的。这些全国性的交通工程，把各个看似独立的经济区黏合在一起。历史学家许倬云有个论断，他说："中国经济体系，一旦编织成形，可以扩张，却难以裂解。如果分成几个地区性的网络，仍会回到整体大网。因此，中国历史上，国家分裂时，经济的重新整合，常早于政权。"

当然，囿于当时的历史条件，秦朝的疆域大约仅相当于今天中国领土面积的三分之一。汉朝的极盛年代，不仅拥有秦朝全部疆域，而且扩展到朝鲜半岛中部和越南的大部分。凡是当时适合农业生产的地方，汉朝几乎都建立了行政机构。与今天中国的领土相比，汉朝拥有除青藏高原、蒙古高原和东北大部分地区之外的领地。历史学家葛剑雄说，中国的主体民族称为汉族，这是因为汉朝在中国历史上有重大影响，它基本上奠定了统一中国的疆域。

天下大势，合久必分

西汉大一统的局面，在此后的中国历史中，成为所有王朝比附和参照的对象。每一个统治者，觉得最能夸耀于世、名垂青史的政绩，肯定有这么一条：自己统治的疆域能够超越前代。

但有些时代，统一与分裂非人力所能控制。

秦汉以后，在中国大概2000年的历史中，有两次漫长的分裂时期。第一次，从189年董卓入洛阳，东汉政权瓦解开始，至589年隋文帝平陈，重建大一统王朝止，整整4个世纪，除了中间西晋有短暂的统一外，中国都处于四分五裂的状态中。第二次，是五代十国、宋辽金时期。北宋时，西北有西夏，北方有辽，至少是三个政权对峙的局面；南宋时，则是宋金南北对峙。

为什么在大一统的思想和实践都很成熟的情况下，仍然会出现分裂？前文引用许倬云的话说，经济的一体化会早于政权的大一统。反过来，如果出现分裂局面的反复，一定也是经济先出现问题。就中国古代来说，决定经济好坏的关键要素是人地比——人口与土地的比例。侯家驹在《中国经济史》中强调，中国2000年来都处于治乱循环，其关键因子主要是人地比例。

一般在王朝建立初期，经过战乱，人口损失严重，地广人稀，劳动力的边际产量较大，这时，从事盗匪等暴力活动的成本也较大，导致从事生产的人口多，从事暴力活动的人口少。政府从事暴力镇压的支出就少，赋税相应减轻，因而出现良好的政局。随着时间推移，人口数量增加，人地比减小，边际产量相应减少，越来越多人会铤而走险从事暴力活动。这进一步增加了政府的防暴开支，导致民众赋税加重。累积到一定程度后，中央集权政府财政破产，王朝分裂的局面由此产生。这个过程，一个小周期就是一次改朝换代。

当然，导致人地比失衡，除了人口增加、土地兼并等常规因素外，气候变迁也是一个重要原因。在农业社会，平均气温下降一至二摄氏度，就足以摧毁整个社会的生产基础，极大地削弱国家的经济实力，连锁反应下产生各种社会问题。最典型的例子，是历史上几次游牧民族的南下袭扰，均与全球气候变冷有关。气候变冷，使得游牧区与农耕区的分界线南移，压缩了中原可耕地面积，激化人地比矛盾，从而导致中央财政崩溃，王朝陷入分裂。

由气候变冷引发的战争与疆域分裂，全球都是一样的。公元1世纪以后，东方的大汉帝国和西方的罗马帝国，都受到各自边疆游牧民族的南下侵袭，这之后，两个帝国均因无法应对而崩溃，疆域陷入分裂期。二者不同的是，罗马帝国辉煌的文明，随着帝国灭亡而消失，欧洲进入长达千年的黑暗中世纪，直到文艺复兴时期，罗马文明才重新影响欧洲历史；而中国在历经400年的分裂与动乱后，由隋朝完成大一统，从而保持了文明的延续。

在这个意义上，隋朝对于中国历史、文明与疆域的正面影响，怎么估量都不为过。但因为隋朝国祚较短，很多人无视或认识不到这个"流星"朝代的重要性。实际上，中国成长为有别于分裂式欧洲的统一性国家，隋朝上承秦汉，下启大唐，功不可没。

实际上，隋朝两个皇帝都较有作为。隋文帝在政治、军事上完成了中国的统一，但这种统一是相对机械和脆弱的，如前所述，真正有机和牢固的统一是经济上的统一。至于隋炀帝，开凿大运河的奇想和魄力，印证了他的雄才大略。大运河的修筑，不但沟通了南北，而且深刻影响了之后1000多年里中国的政治、经济、地理格局。全汉昇的《唐宋帝国与运河》中有一段话说得很精辟："我国第二次大一统帝国出现时的客观形势，和第一次大一统时有些不同。当第一次大一统的时候，全国军事政治和经济的重心全在北方，问题比较简单。可是到了第二次大一统帝国出现的时候，军事政治重心虽然仍在北方，经济重心却已迁移到南方去了。因此，和第二次大一统帝国出现的同一时间，便发生了一个新的问题，即如何把这已经南移的经济重心和尚留在北方的军事政治重心联系起来，以便这个伟大的政治机构能够运用灵活，尽量发挥它的作用。能够满足这种需要的交通线，是那沟通南北的运河。"

边疆的开拓与统治

明亡清兴以后，清朝不仅在明朝的基础上实现了更大范围内的大一统，而且在统治方式、统治理念等诸多方面都有了进一步的发展。

开疆拓土方面。在南方，康熙二十二年（1683年），清兵入台，郑克塽降，清朝于次年设置台湾府，隶属福建省。在北方，康熙二十八年（1689年），清朝与俄国签订了《尼布楚条约》，确定了中俄东段边界。雍正五年（1727年），清朝进一步明确了中俄中段边界线。在西北，经过康熙、雍正、乾隆三朝的不断征伐，清朝最终于乾隆二十二年（1757年）平定了准噶尔部，巩固了对天山北路蒙古等族聚居地的统治；两年后平定了大、小和卓的叛乱，统一了天山南北。在西藏，康熙五十九年（1720年），清军入藏，平定了扰乱地方的准噶尔蒙古势力，稳定了西藏的局势。全盛时期，清朝陆地总面积约1300万平方公里。在全国设置了18个省，盛京（奉天）、吉林、黑龙江、伊犁、乌里雅苏台5个将军辖区，以及驻藏办事大臣、青海办事大臣辖区和内蒙古盟旗。

统治方式方面。清朝根据边疆地区各民族原有的社会组织机构，设置了不同的行政管理体系。在东北地区，实行军府制度下的旗、民分治。在蒙古地区，实施盟旗制度，对蒙古诸部分散编制，分而治之，并通过封授爵职、政治联姻、朝贡互市等，加强满蒙之间的联系。在新疆地区，设伊犁将军管辖天山南北，并推行以军府制度为主，以郡县制、盟旗制和伯克制为补充的统治制度。在西藏地区，通过设置驻藏大臣，颁布《钦定藏内善后章程》，创立金瓶掣签制度，实行政教合一的统治，加强了中央政府对西藏的管理。在西南地区，清朝初期沿袭明朝的土司制度，利用地方上层实施间接统治；雍正时期起，实施改土归流，用流官取代土司，将地方纳入中央王朝的直接统治之下。清朝中央政府直接控制的版图，超越了历史上的任何一个王朝。

清朝统治者很在意统治的合法性问题，严厉反对"华夷之辨"，主张"天下一统""华夷一家"。雍正帝编著的《大义觉迷录》，其中就批判"华夷"观念不利于民族和睦。也正是在清朝，长城才真正失去了屏蔽农耕与游牧族群交流的功能，加速了边疆、中原"一体化"的历史进程。清朝统治者观念的变化以及边疆统治的经验，最终促成了大一统中国疆域的形成。

如今，历史学家界定中国的历史疆域，基本都是以极盛时期的清朝疆域为标准。

1840年以后，随着世界局势的变化，清朝被拖入割地赔款的境地。晚清史沦为痛史。而清朝在应对这种沦丧的过程中，也做了一些努力。在保卫边疆方面，最典型的做法就是允许人口迁徙，极大地加强了边疆民族与汉族交融的广度和深度。

据统计，从清初到道光中叶，大量移民进入边疆地区。关外东北地区至少有移民150万人，蒙古地区约计迁入100万人，新疆地区约计迁入50万人，云南、广西合计约迁入200万—300万人，台湾约迁入150万人。至鸦片战争前后，内地共约有700万—800万人迁移到边疆各地、海岛。如此大规模的移民，意义重大。正如葛剑雄所说，到1931年"九一八"事变的时候，日本侵略者面对的是我们在东北的3000万同胞，只能扶植了一个傀儡，建立了伪满洲国。要是当时东北还是没有人，或者人口稀少，会是什么结果？

总之，中国的历史疆域变迁是农耕民族与游牧民族相互交融、共同开拓的结果。那一段段铁与血的磨砺，不仅铸就了中国人的精神底色，也打造了中国今日的雄浑河山。

参考文献

谭其骧：《中国历史地图集》，中国地图出版社1996年版

费孝通：《中华民族多元一体格局》，中央民族大学出版社1999年版

葛剑雄：《统一与分裂：中国历史的启示》，商务印书馆2013年版

侯家驹：《中国经济史》，新星出版社2008年版

江湄：《怎样认识10至13世纪中华世界的分裂与再统一》，史学月刊，2019（06）

第二章
古都地理

1　长安与关中平原：
为什么中国人总是想要"梦回大唐"

周武王伐纣前夕，让人用火灼龟甲算了一卦。

商周时期，国家每遇大事，特别是战争之前，总会用占卜的方法来预测吉凶。

然而，此次卦象极不吉利，又突然下起暴风雨，似乎表示苍天不许。诸臣惊慌失措，只有姜子牙力排众议，坚持劝说周武王出征。

姜子牙知道，凶卦不为凶，只因天命在周，下一个时代的中心，将属于这片渭水奔涌而过的土地——后世称之为"关中平原"。

自周武王东出伐纣，到907年唐朝灭亡，关中平原几度兴衰。

这一时期，历史的命运长期沿东西轴向摆动，政治、经济、军事、文化等带有明显的东西特征，得关中者易得天下。因此，据关中者必东征，据关东者必西讨，呈逐鹿中原之势。

关中平原，铭刻了一段被遗忘的历史基因。

四塞之国，天下关中

山河四塞，百二秦关。

■ 图2.1 关中平原，也称渭河平原，号称"八百里秦川"，是由断层陷落地带经渭河及其支流冲积而成的冲积平原

关中，意为地处四面关塞之中。

周以后，围绕着由渭河河流冲积而成的冲积平原，东有函谷关，西有大散关，南有武关，北有萧关。

关中凭借周围大小关隘，再加上陕北黄土高原与秦岭两道天然屏障，闭关可自守，出关可进取，西通陇右，南接巴蜀，北抵塞外，东连中原，号称"四塞之国"。

在历史上，关中是一个极富战略色彩的说法，而从地理学上看，关中平原亦称渭河平原。渭河从宝鸡峡进入关中，自西向东，与泾、沣、涝、潏、滈、浐、灞汇聚成"八水绕长安"的山川景观，使平原气候温和，土地肥沃，哺育了在此繁衍生息的关中人。

图2.2 关中平原示意图

在周太王古公亶父率领族人迁至周原（今陕西宝鸡扶风、岐山一带）之际，周还是一个百里小国，而东方的殷商早已是"邦畿千里"的大国，拥有先进的青铜文明。

当时，周以"小邦周"自称，臣服于商。古公亶父之子季历听从商的号令，讨伐商的宿敌鬼方，拼死奋战三年，"俘二十翟（狄）王"，班师，得商王赏赐，"命为牧师"，为一方诸侯之长。

日渐强盛的周引起了商王的猜忌。《竹书纪年》记载，商王文丁找理由杀死了季历。季历之子姬昌统领周时，又被商王帝辛（商纣王）囚于羑里（今河南汤阴北），险些丧命。姬昌深受屈辱，却藏器于身，待时而动。

死里逃生回到周的领地后，姬昌一边仍旧"夙夜不懈，以服事殷"，一边礼贤下士，招纳人才，暗地里结好诸侯，拉拢反对商朝的小国，并向东迁都至丰京（今陕西西安西南），使殷商受到来自西面的直接威胁。姬昌后来被称为周文王，这段历史称为"文王翦商"。

周文王之子周武王在位时，殷商连年用兵东夷，消耗了大量人力、物力，而周积蓄国力，实力大增。

周武王即位第二年，会盟诸侯，观兵孟津（今河南孟津东北）。史载，当时，"不期而会孟津者八百诸侯"，他们齐声高呼："纣可伐矣！"

姜子牙却认为时机尚未成熟，他对周武王说："当天道还没有灾害先兆时，不可以首先倡议征讨；当人道没有出现祸乱时，不可以先行谋划兴兵。一定要既发生了天灾，又看到了人祸，才能筹划兴师征伐。"

于是，周武王决定继续审时度势，对诸侯们说："你们未知天命，还不可出兵。"

不久后，商统治集团内部进一步分裂，比干被杀，箕子被囚，微子叛离。周武王认为有机可乘，便大会诸侯，率众伐纣，即便在龟兆不吉的情况下，仍听从姜子牙的建议，带兵东出牧野（今河南淇县南），与纣王决战。

商纣王将大批民众和奴隶仓促编入军队，等到周军兵临城下后才筹划应敌对策。周武王却率先安定当地民众，宣传他们要打击的目标是纣王，不会伤及百姓，并向全军发布动员令，历数纣王的罪行，宣称自己是执行天罚。

由于纣王已经失去人心，这场决定两个王朝命运的大战，仅用不到一天就分出胜负，纣王逃到鹿台，自焚而死。

周武王灭商后，举行告捷典礼，宣告周朝正式承继商朝，定都于与丰京隔沣水相望的镐京（今陕西西安）。

但是，殷商余部仍盘踞在东方，对周形成威胁，东西对抗的局面并未终止。

尽管周朝留下"三监"管叔、蔡叔、霍叔加强对中原地区殷商遗民的管理，但周武王班师镐京后，经常夜不能寐，至死也不能安心。

之后，周武王的弟弟周公旦辅佐年幼的周成王，以关中为大本营，制礼作乐，确立宗法制、分封制，并发兵东征，用武力镇压带兵作乱的纣王之子武庚，并营建东都洛邑（即成周，今河南洛阳）巩固统治。

西周时，宗周所在的关中平原是"天下共主"所在，延伸到东都洛邑所在的河洛地带，王畿东西长达千里，形成一条明显的东西轴线。

周朝的命脉在这条东西轴线上跳动，带来了古代关中的第一次大崛起。

到了西周末年，统治者腐化无道，周王室与诸侯的内部矛盾，以及与周边民族的矛盾不断激化。周幽王倒行逆施，以申侯为首的诸侯联合犬戎族发兵进攻镐京，杀周幽王于骊山之下，西周灭亡。

关中随着西周的灭亡而走向衰落，也在混乱中埋下了复兴的种子。

无关中，无强秦

秦人，原本定居于以天水为中心的陇东高原沟谷一带的"西垂"之地，长期过着游牧生活，靠养马、造车起家。

西周时，周孝王（约公元前891—前886年在位）打听到秦人之中，有个秦非子善于养马，马只要一经他手，就会长得又肥又俊。周孝王找到秦非子，问他养马之道，秦非子对答如流。

周孝王十分高兴，派秦非子到汧水、渭水之间土壤肥沃的天然牧场为周王朝繁殖马匹。此后多年，秦非子养马有功，最终获封秦地，延续嬴姓的祭祀，成为秦国始封君，号称"秦嬴"。

周平王东迁时，秦非子的后代秦襄公一路护送周天子，带领秦人整修武备，大修战车，随后同戎、狄交战，收复失地。之后，秦人逐渐将其政治中心由"西垂"迁至关中。

春秋时期，秦穆公曾一跃成为西霸，扩大秦国疆土，但他并没有被天下诸侯所共同承认，甚至遭到关东诸国的鄙夷，秦国东出之路也被强大的晋国阻挡。

关中依然沉寂，尚未等来复兴的机遇。

战国时期，各国相继变法。秦孝公重用商鞅，推行改革，将都城定在渭北的咸阳，开启秦国的崛起之路。

商鞅入秦时，曾四次面见秦孝公，陈述治国之道。史载，第一次谈尧舜帝道，秦孝公听得快睡着了；第二次讲禹汤文武之王道，秦孝公还是昏昏欲睡；第三次讲霸道，秦孝公这才打起精神，觉得还行；第四次详谈强国之术，秦孝公大悦，"语数日不厌"。

商鞅为秦国准备的，是一套速效的强国之术，也是一场不同于六国的变法。

为了奖励耕战，商鞅在秦国率先实行以军功大小授予爵位的二十等爵制度以及废除井田制、开阡陌。

在二十等爵制度下，即使是国君的宗族亲属，若没有军功，也不能列入公族的属籍，而有军功者，即便出身低微，也可跻身军功地主的行列。老百姓只要响应国家号召，开荒地，种庄稼，并积极参军作战，把这两件事做好了，就能获得国家奖赏，赢得爵位，实现阶层跃升。

此后，关中的秦兵被称为"虎挚之士"，在战场上"左挈人头，右挟生虏。夫秦卒之与山东之卒，犹孟贲（古代有名的勇士）之与怯夫"，人人善战，斗志高昂，让六国士兵胆寒。

为何秦国能够废除世袭、奖励军功，在富国强兵的改革上做得更彻底？

史书称，"秦无大夫"。正是因为秦国蛮荒落后，西周封建领主的宗法分封对秦国影响较小，使秦国的权力大部分集中于国君与宗室手中，也没有出现过如齐国田氏、鲁国三桓、晋国六卿这样强大的大夫家族。

六国贵族地主力量大，奖励军功的改革措施收效甚微，而秦国贵族地主弱小，更易于打破无功受禄的世卿世禄制度。

商鞅变法近二十年，秦国"民勇欲公战""家给人足"，为日后统一六国打下了基础。但平民依靠耕战实现阶层流动的另一面，则是旧贵族备受打击，这些扶持新兴军功地主的改革措施，触及了秦国宗室贵族的利益，受到来自宗室的阻力。

公元前338年，秦孝公去世。此前与商鞅有过节的新君秦惠文王为了安抚宗室贵族，对商鞅处以车裂之刑。

商鞅为变法献身，但秦惠文王仍延续变法的大势，故商鞅虽死，秦法未败。

平王东迁后，关中残破，关东继承周的遗产，百家争鸣，经济繁荣，诸侯称霸。可到了战国后期，原本落后的关中再度实现了对关东的逆袭。

到了秦王嬴政在位时，东西胜负早已确定，秦国"奋六世之余烈"，于公元前221年一统天下。

嬴政建立起中国第一个大一统的中央集权帝国，成为第一个定都关中的皇帝，号称"始皇帝"。有学者认为，秦始皇至少开创了六大统一：统一郡县、统一律令、统一官制、统一文字、统一货币、统一度量衡。

秦始皇自西向东统一天下，却无法消弭关中与关东的矛盾。建立秦朝后，秦始皇迫不及待地北修长城、南征百越，耗费大量人力、财力，激起了关东的反抗之心。

当时，关东"欲为乱者，十家而八"，其中楚人最为仇秦，流传着"楚虽三户，亡秦必楚"的谶语。

公元前218年，秦始皇东巡到了一个叫博浪沙（今河南原阳县城东郊）的地方。

韩国旧贵族张良早已指挥一名大力士埋伏在秦始皇车队的必经之路，决定对秦始皇发动袭击。

当浩浩荡荡的车队经过博浪沙时，潜伏已久的刺客向其中一辆最华丽的马车投出了沉重的铁锤，瞬间车毁人亡。但智者千虑，必有一失，张良没想到，铁锤击中的是副车，秦始皇没有坐在里面，躲过了一劫，并很快得到了随行将士的保护。

震怒之下的秦始皇立刻命人搜捕嫌犯。幕后主使张良借着地利之便逃脱追捕，从此隐姓埋名。

此后，率先揭竿而起的却非六国贵族，而是楚地的农民。

秦始皇死后，楚人陈胜、吴广以"天下苦秦久矣"号召起义，关东各地莫不云集响应，汇聚成汹涌的反秦浪潮，自东向西席卷千里。

帝国轴心：兴衰荣辱，生死与共

大秦帝国迅速淹没于秦末起义的浪潮之中。公元前207年，刘邦与项羽率领的起义军先后进入关中，秦都咸阳的宫阙被楚国贵族项羽一把火烧了。

当时，有谋士劝项羽定都关中。项羽却一门心思想回楚地，还说，富贵不归故乡，如锦衣夜行，无人知晓。

项羽不想做关中王，也不想回楚怀王手下当将军，他只想做西楚霸王，维持一个七国复国、王政复兴的天下秩序，却不知，这个由英雄主宰的新格局会让天下陷入新的混乱。

劝说的谋士认为关中阻山带河，土地肥沃，才是建立不世之功、成就霸业的立足之地。他见项羽将自己的战略计划当作耳旁风，气不打一处来，说："人们说楚人目光短浅，就像猕猴戴帽子，虚有其表，果然如此。"这就是成语"沐猴而冠"的来历。最终，此人被项羽下令烹杀。

此前进入关中的刘邦，却采取了与项羽截然不同的措施。

入关中时，刘邦对末代秦王子婴与宗室大臣一律宽赦。在萧何的支持下,刘邦废除秦朝的严刑峻法,与关中百姓约法三章:"杀人者死,伤人及盗抵罪。"刘邦还对秦人说,他之所以来关中,是为父老兄弟除害,绝对不会伤害百姓,希望百姓不要害怕。

秦人与六国之人有灭国之仇,如今秦王降了,秦军没了,国家亡了,来了个沛公,竟然信守霸上诺言对关中百姓百般抚慰款待。秦人才知虚惊一场,纷纷牵牛宰羊,呈上酒食慰问刘邦军。刘邦因此赢得了关中的民心,这里也成为他日后与项羽争夺天下的基地。

楚汉战争,汉高祖刘邦打败项羽,建立汉朝。

刘邦本来不想迁都关中,因为跟着他一起"创业"的弟兄们大都是山东(崤山以东)人,打完天下后都想离家近点儿。

一个叫娄敬(后被赐姓刘)的无名小卒向刘邦提出了不同主张,他说,关中具有得天独厚的战略地位和丰盈充足的物产,在这里定都,就稳了。

张良也跟刘邦说,长安这个地方,可三面而守,在此定都,诸侯安定,渭河流通天下,这才是真正的"金城千里,天府之国"。

在张良等人的劝说下,刘邦最终选择了长安。

战后,作为关东人入主关中的刘邦,鼓励关东籍复员兵士留居关中,愿意留下者免除十二年徭役,回归原籍者免除六年。

汉初为避免亡秦之政,调整赋税,轻徭薄赋,刘邦时"十五税一",文景二帝"三十税一",与民休息,使社会安定,奠定了西汉两百年之基业。

西汉时,长安成为中国历史上第一个国际化大都市。

汉武帝时期,霍去病率军西进,在祁连山下斩匈奴三万余级,打通河西走廊,张骞从这里应征出使大月氏,最终凿空西域。来自各国的使臣往来于丝绸之路上,以关中长安作为目的地。

司马迁在《史记》中评价道:"关中之地,于天下三分之一,而人众不过什三;然量其富,什居其六。"

东汉时期,以洛阳为都。除了东汉末年汉献帝被挟持到长安,其他皇帝都在洛阳临政,只是偶尔巡幸长安,但长安仍是帝国东西中轴的核心之一。

历经秦汉的复兴,关中在东汉末年再度走向衰败。

尤其是在汉末乱世,军阀混战不休,古老的都城千疮百孔,一片凋零。汉献帝被困在长安时,城中一度出现人吃人的景象,以致"二三年间,关中无复人迹"。

军事改革——中央集权的前锋

魏晋南北朝时期,天下大势本来由东西争霸转变为南北对立,但因为两个人的出现,再度开启了东西争雄的格局。

这两位枭雄,是宇文泰与高欢。

高欢的崛起比宇文泰早。北魏尔朱荣之乱后,532年,高欢以太行山以东的邺城为大本营,南下洛阳,铲除尔朱氏势力,拥立北魏孝武帝元修登位,执掌朝政。

但割据关中的宇文泰不愿听其调遣,北魏遂走向分裂,形成高欢掌权的东魏与宇文泰控制的西魏,后演变为北齐与北周。

西魏建立之初,关中尚未恢复元气,国弱民贫,实力还比不上东魏,在文化影响力上也难以与南朝相比。

宇文泰推行苏绰的"六条诏书",进行大刀阔斧的改革,治心身,敦教化,尽地利,擢贤良,恤狱讼,均赋役。

对后世影响更加深远的是宇文泰在改革军事制度上建立的府兵制,以及由此形成的关中本位政策。

宇文泰在关中设置了八柱国、十二大将军的组织结构。具体而言,八柱国除宇文泰自己和元魏宗室代表元欣之外,其余六人各督二大将军,分掌禁旅,合计十二大将军。每个大将军各领开府二人,每一开府各领一军,合计二十四军。

柱国与大将军的势力相互交错、牵制、制衡，有利于宇文泰进行最终的控制。特别是各个柱国相继被任命为朝廷公卿，身份由边镇将领变成开国元勋、朝廷重臣，逐渐脱离军旅生涯，从而变相削弱了他们的军事实力，实现军权的初步集权化。

此外，西迁的汉族将领一律称为关陇郡望。

由此构建"关中本位"观念，强化了本地各族群的凝聚力和认同感，从而与山东、江左争夺中原正统。宇文泰家族很看重立足关中的周朝历史资源，后来自立的政权干脆以"周"为国号，这些都是民族交融"关中化"的体现。

府兵制的创建和完备，在宇文泰手上前后历时12年才宣告完成。最终西魏的军队人数翻了一番，府兵达到5万人左右；中央对军权实现了强有力的控制，结束了地方割据、私兵林立的状态；而且，府兵是兵民分离的职业兵，相比东魏、北齐兵民合一的义务兵，整体素质和战斗力更强。

历史表明，关中本位政策使西魏变弱为强。到北周时，消灭了北齐，统一中国北方。隋朝代北周后，又南下消灭了陈，最终实现国家的统一。

从北周到隋朝再到唐朝，三个朝代的权力更替，实际上是在关陇集团内部进行的。

统治集团与地方势力，谁说了算

出自关陇集团的隋文帝杨坚取代北周自立为帝后，定都于关中，并沿龙首原南麓兴建新城，称为"大兴城"，也就是后来的唐长安城。

随着关陇集团崛起，关中迎来历史上的第三次兴盛，但在隋文帝之子隋炀帝时遭受了短暂挫折。

隋炀帝时期暴虐无道的政策，不仅使民怨沸腾，也触及了关陇贵族的利益。

在关陇贵族看来，隋炀帝杨广兴建洛阳城、修大运河的举措，也有促成政治、经济重心东移南下的趋势，更何况其出征高丽等激进措施早已让人离心离德。

大业九年（613年），隋炀帝第二次征高丽时，负责督运粮草的隋朝开国功臣杨素之子杨玄感在黎阳（今河南浚县）起兵反叛。

杨玄感骁勇力大，身先士卒，时人比之项羽。手下将士都愿拼死效力，各地百姓也被其深深吸引，"一呼而从者十万""众皆踊跃，称万岁"。

历史学者韩国磐认为，杨玄感起兵，实际上"是统治集团的大分裂"。这场叛变，虽然仅过两个月就宣告失败，却动摇了隋朝的统治。

隋末大乱，群雄都在关东斗得死去活来，另一位关陇贵族出身的竞争者李渊占得先机，从太原起兵，进入关中。

大业十三年（617年），当李渊兵临黄河东岸时，关中的冯翊太守萧造、华阴县令李孝常望风而降，并献上位于华阴的粮库永丰仓作为礼物。京兆万年、礼泉等地的官吏也相继派人向李渊示好。

李渊率军渡河，手下大军已有二十多万，"三秦士庶，衣冠子弟，郡县长吏，豪族弟兄，老幼相携，来者如市"。

攻克长安后，李渊打着"尊隋"的旗号，迎立代王杨侑为傀儡皇帝，遥尊杨广为太上皇，自己却"假黄钺，使持节，大都督内外诸军事、尚书令、大丞相，进封唐王"。

等到第二年，宇文化及在江都缢杀杨广的消息传来，李渊接受杨侑禅位，改国号为唐，顺理成章地改朝换代，关中士民心悦诚服。此后，仅用7年时间，唐朝基本统一全国。

正如汉朝以秦朝灭亡为经验教训一样，唐朝也十分重视隋亡的教训，强调"亡隋之辙，殷鉴不远"。

在协调东西关系上，唐朝初年，李唐一方面继续依靠关陇集团，另一方面又格外注重关东士人，力求二者平衡。

玄武门之变后，唐太宗上台，第一件事就是安抚宣慰山东（崤山以东）。

唐太宗修《氏族志》时，以皇族为首，"止取今日官爵高下作等级"。到了唐高宗时期修订《姓氏录》，规定"皇朝得五品官者，皆升士流"，这是说，不问出身和籍贯，凡是现任五品官以上者，一律都是新贵，进一步消除统治集团的区域色彩。

东西南北路人绝，可怜天街骨成灰

唐朝在长安、洛阳构建的东西轴心上走向全盛，到唐玄宗开元盛世达到顶峰。

人口学家估算，当时的长安城内聚集了超过百万的人口，而长安所在的关中平原，人口总数超过了三百万人。诗人杜甫此后回忆起这段盛世年华时写道："忆昔开元全盛日，小邑犹藏万家室。稻米流脂粟米白，公私仓廪俱丰实。"

天宝十四载（755年），安禄山在范阳起兵叛唐，自东向西攻入长安，唐玄宗逃往蜀地。唐朝历经八年时间才平定了这场叛乱，但已经盛极而衰，关中此后也多次陷入战火之中。

广明元年十二月初五（881年1月8日），黄巢率军攻破长安，之后唐军与其反复展开争夺。

后来，恼怒长安居民帮助官军的黄巢，指使军队对长安进行了屠城，"（黄巢）怒民之助官军，纵兵屠杀，流血成川，谓之洗城"。当时，黄巢军队共"纵击杀八万人，血流于路可涉也"。

经过这场血腥的反复争夺，长安城遭到了大规模的破坏。对此，亲身经

历此事的晚唐诗人韦庄,在他的代表作《秦妇吟》中写道:

昔时繁盛皆埋没,举目凄凉无故物。
内库烧为锦绣灰,天街踏尽公卿骨!

在黄巢起义中,长安城"宫室、居市、闾里,十焚六七",昔日辉煌壮丽的大明宫,更是烧得只剩下了含元殿。

唐长安城的最后一次毁灭性打击,则来自朱温。

唐昭宗天祐元年(904年),中原军阀朱温强迫唐昭宗迁都洛阳。据《资治通鉴》记载,朱温命令长安全城军民:"毁长安宫室百司及民间庐舍,取其(木)材,浮渭(水)(黄)河而下,长安自此遂丘墟矣。"

这座千古名城,最终被朱温下令彻底拆毁,以营建洛阳宫室。

907年,朱温强迫唐哀帝禅位,改国号为梁。

江山之固,在德不在险

唐朝覆灭后,长安再也没有成为统一王朝的正式国都,关中一蹶不振,王气尽失。

除了战乱之外,经过历朝历代的开发,以长安为核心的关中地区,在乱砍滥伐森林、水土流失、可耕地面积锐减、自然灾害频发、无法自给自足的情况下,其生态环境也日益恶化,已无法承担作为都城的重负。

陕西学人王大华认为,自周迄唐的东西时代随之终结,中国历史正式走向南北时代,其代表性的标志为:

经济重心进一步南移,人口大量南迁,宋元时,长安人口仅"数万家";战争长期呈现南北对峙的态势,如宋金战争、宋蒙战争、明朝统一战争;唐以前，有十多个王朝或政权定都关中，一度形成东西两京，但唐以后，政治中心不断东迁南移，至明朝形成南北两京；唐以前的文化重心长期在关中与关东，唐朝宰相十有八九为北人，唐以后，南方人才辈出，"东南财赋地，江浙人文薮"。

此后一千多年间，不乏欲重铸关中荣光的英才，却都不了了之。

宋初，宋太祖赵匡胤有意向西迁都。

北宋建都开封，赵匡胤作为开国之君，对其所处的战略位置有清醒的认识。

当时，开封可利用运河，保证江南安定，维持稳定的粮食供应，但由于燕云十六州掌握在北方游牧民族手中，开封周围没有山岭险阻，时时置身于兵锋之下。

此外，开封一带所需物资大都依靠水路，一旦水路被截，京师被围，后果不堪设想。

为此，赵匡胤说："我要西迁，据险要地理拱卫国都，以裁撤现在防卫京城的'冗兵'，循周汉故事，以安天下。"

赵匡胤的迁都计划，是先迁至洛阳，之后再建都长安。

这一说，反对声不绝于耳。

起居郎李符上书，提出"八难"："如果西迁，有八重不利。一是经济凋敝，二是没有宫阙，三是没有宗庙，四是各衙门都在开封，五是洛阳饥民遍地，六是军粮不足，七是没有修建壁垒城池，八是冬冷夏热。"

另一个大臣李怀忠进谏道："经过历代开凿大运河，开封已得漕运之利，每年从江淮输送过来的米多达数百万斛，可养活数十万人，京师地位根基稳固，不可动摇。如果官家执意要迁都，臣实在未见其益处。"

赵匡胤仍不死心，说："迁都到洛阳及河南诸地，皆于大河之滨，若要江山稳固，不如迁都长安。"

此时，赵匡胤之弟晋王赵光义站出来表态，说："迁都的事情乃天下大事,需从长计议,况且江山'在德不在险',只要以德治国,就能长治久安,国运兴隆。"

开封是赵光义的势力范围,也是他日后成为北宋第二任皇帝的一大助力,他当然不愿意朝廷西迁。而赵光义的话说到这份上,让赵匡胤一时语塞,要是反驳,那他岂不是就成了不肯施行德政的昏君?

由于群臣与晋王的反对,西迁计划搁浅。

赵匡胤只好无奈地说:"晋王之言固善,不出百年,天下民力殚矣。"

明朝初年,定都南京,明太祖朱元璋对迁都一直有些想法。

朱元璋的嫡长子朱标从小就被当成继承人培养,师从名儒,为人贤德,深得朱元璋器重。

洪武二十四年(1391年),朱元璋命太子朱标到关中西安府考察,对他说:"天下山川只有秦地号称险固,你去看看那里的风土人情,顺便慰劳一下当地的父老乡亲。"

于是,朱标经过洛阳,到达西安,仔细考察了这两座城市,对比两地的城建和形胜,回来后即向朱元璋献上陕西地图。

当初,朱标出发前,朱元璋放心不下,曾派人告诉他:"你昨日渡江,东南方向忽然响起雷声,像是为你做向导,这是不祥的征兆,而且一旬以来,久阴不雨,应该引起警惕。你到了后,要行事谨慎,施仁布德,以挽回天意。"

没想到,朱标回来后就真的生病了。病重之时,朱标仍勉力写了奏章,陈述他对迁都的看法。

次年,朱标不幸病逝,追谥为懿文太子。白发人送黑发人,朱元璋备受打击,从此再也没有心情考虑迁都的事情,迁都就此搁置。

往事越千年,西周之丰镐、秦之咸阳、汉唐之长安已成遥远的追忆。

关中,还有再次崛起的机会吗?

参考文献

范祥雍：《古本竹书纪年辑校订补》，上海古籍出版社2018年版

[汉]司马迁：《史记》，中华书局2010年版

[汉]王褒等撰，陈晓捷辑注：《关中佚志辑注》，三秦出版社2006年版

[唐]魏徵：《隋书》，中华书局1997年版

[后晋]刘昫等：《旧唐书》，中华书局1975年版

[宋]欧阳修、宋祁等：《新唐书》，中华书局1975年版

[宋]司马光：《资治通鉴》，中华书局2011年版

王大华：《崛起与衰落：古代关中的历史变迁》，陕西人民出版社1987年版

赵荣、秦中朝：《丝绸之路的起点：西安》，三秦出版社2016年版

2 洛阳与河洛地区：
洛阳凭什么成为十三朝古都

相传，上古伏羲时，黄河流经今河南孟津一带，有龙马浮出水面，伏羲根据其背上"河图"推演成八卦，后来成为《周易》的起源。

另有传说，大禹治水时，洛水之畔有神龟背驮"洛书"而出，大禹以此定九章之法，划天下为九州。

"河出图，洛出书，圣人则之。"

这些古老的传说见载于先秦文献《尚书》《周易》中。尽管河图洛书的故事带有抽象化和神秘化的特征，但可以说明先民将河洛作为中华文化的源头之一。

河洛地区，以洛阳盆地为中心，位于黄河及其支流洛河（古称洛水）交汇之处。西周初年营建洛邑时，周公说："此天下之中也。"

"中国"的由来

考古发现，"中国"一词，最早是指河洛地区，即成周洛邑一带。

1965年，一件出土于陕西宝鸡的西周早期青铜尊流落民间，被当地的废品回收站收购。博物馆工作人员偶然间发现了它，赶紧将其收回。后来，有位青铜器专家在清理上面的锈斑时,发现了尊内的12行铭文,因铸造者名"何"而称之为"何尊"。

何尊铭文穿越了三千年时空,讲述西周初年的河洛往事,其大意是说:

周成王在位时,在河洛营建成周都邑,对其父武王进行祭祀。周成王在京宫大室对宗族小子何进行训诰,讲到何的先父曾追随周文王,而周文王受上天之命统治万民。周武王灭商后,又在河洛地区告祭于天,以此地作为天下的中心。何一家因功受赏,作尊纪念,以示荣耀。

何尊铭文中有一句:"余其宅兹中国,自之乂民。"这是迄今为止发现的"中国"一词在文物上留下的最早痕迹。

周人以河洛为"天下之中"的普遍认识,并非出于主观臆断。

当年武王伐纣、统一河洛之后,为如何统治商的故地而忧虑得夜不能寐。于是,为了宣告自己对"中国"的统治,周武王派宗室周公、召公前往洛水、伊水之畔勘察地形,营建成周洛邑,作为周朝新都,并把象征王权的九鼎迁到洛邑。

周公来到河洛,在嵩山附近的阳城(今河南登封告成)设置了一座测影台,立圭表,测日影,才得出结论:河洛是当时的"天下之中"。

到了东周时期,河洛地区成为周王室东迁的庇护所,周王室在成周西面三十余里处建了一座东周王城。

古人发现,夏商周三代定都于河洛,《史记》有句话,"昔三代之居,皆在河洛之间"。而今人经过考古发掘,发现在西起涧河、东至偃师的洛水之滨,长仅几十公里的距离内,排列着五大都城遗址,包括二里头(夏王城)遗址、偃师商城遗址、东周王城遗址、汉魏洛阳城遗址与隋唐洛阳城遗址,号称"五都荟洛"。

从地理形势来看,河洛地区以古都洛阳为中心,西起华山,东至荥阳,北依太行山南麓,南达秦岭东段支脉外方山南麓的汝、颍流域。

博大精深的河洛文化在这片土地上传承,阅尽世间沧桑,数千年来人才

图2.3 嵩山地势图

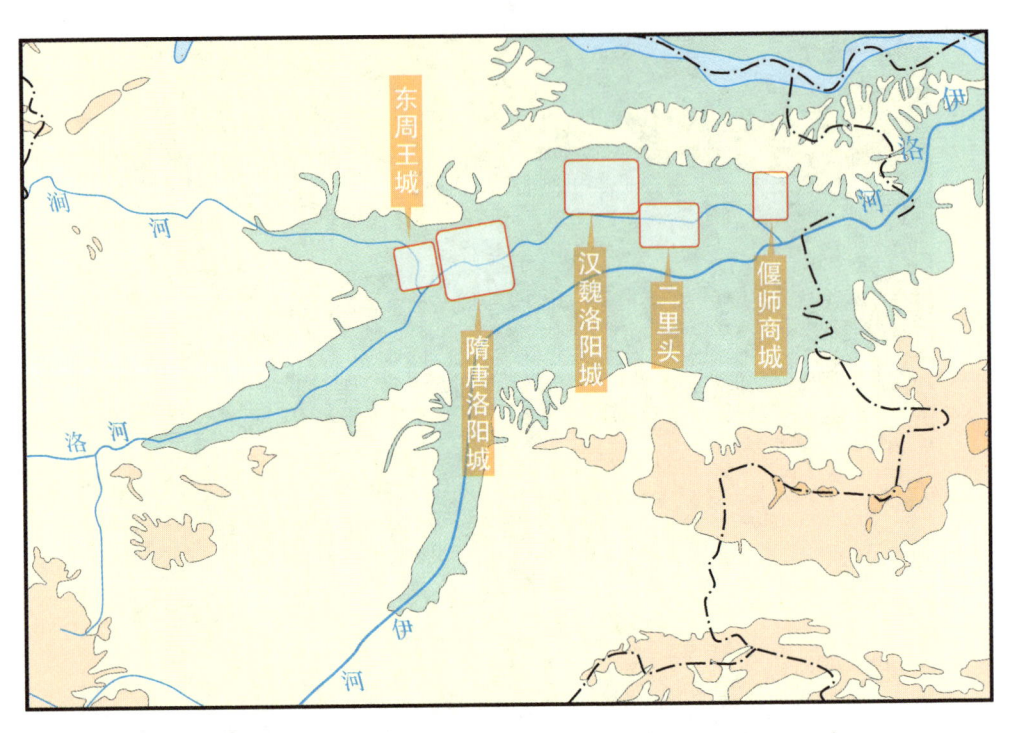

▮ 图2.4 五都荟洛示意图

辈出。

　　漫长的岁月中,"中国"的概念从河洛向周边缓缓延伸,绵延到滔滔江海、戈壁荒原,直到成为东方泱泱大国的名称。

百家争鸣发源处

　　春秋战国时期,周天子名存实亡,周王室处于风雨飘摇之中。
　　政治上的分崩离析却孕育了百家争鸣的文化思潮,河洛地区成为诸多思想家活跃的舞台。

道家的老子，曾任周王室守藏史，在洛邑掌藏国家图籍。

有一次，孔子从齐鲁远道而来，向老子学习周礼。

老子对孔子说："子所言者，其人与骨皆已朽矣，独其言在耳。且君子得其时则驾，不得其时则蓬累而行。吾闻之，良贾深藏若虚，君子盛德容貌若愚。"

这几句话的意思是告诉孔子，君子要审时度势才能成功，否则就会劳累而行，就像老道的商人深藏不露，而心怀大德的君子也大智若愚。

他希望孔子"去子之骄气与多欲，态色与淫志"，因为这些"皆无益于子之身"。

孔子带着弟子们回去后，在半路上说："天上的鸟，我知道它能飞；水中的鱼，我知道它能游；地上的野兽，我知道它能奔跑。至于龙我就无从得知了，据说龙乘风驾云即可上天。我今天见到老子，他就像龙一样啊！"

孔子见老子，两位伟大的思想家惺惺相惜，儒道两家的思想也相互交融。后来，老子弃官而去，骑青牛出函谷关，留下五千余字的《道德经》，从此飘然归隐。

战国时期，韩国公子韩非成为法家学派的集大成者。韩非早年求学于儒家的荀子，平生"喜刑名法术之学，而其归本于黄老"。

韩非著有《孤愤》《五蠹》等著作，集法家法、术、势三者于一身，其政治理想是建立一个统一的君主集权国家，以"法"作为治国的根本。他的著作流传到秦国后，得到了秦王嬴政的关注。

当时，秦军东出，首当其冲的就是占据河洛地区的韩国。韩非见韩国日渐衰败，几度谏言韩王，呈上富国强兵之法，但得不到韩王重用。

秦王嬴政读了韩非的著作后钦佩不已，对大臣李斯说："嗟乎，寡人得见此人与之游，死不恨矣！"李斯是韩非的老同学，十分忌惮韩非的才能。

后来，韩非从河洛入秦，虽然得以觐见秦王，却遭到李斯等人谗言陷害，下狱而死。韩非虽死，他的法家思想却流传下来，影响此后历代王朝的统治者。

先秦时期是河洛文化的形成时期。这一时期的河洛地区,从拥有人类文明社会形成的三大标志——城池、青铜器和文字,到王朝崛起,定鼎中国,再到诸侯林立,百家争鸣,成为中国先秦历史的典型代表区域。

无事则安矣,有事洛阳先

秦人东进吞并河洛之后,在此地设三川、河内、河东等郡。始皇帝嬴政一统天下,修建驰道,这条"东穷燕齐"的高速公路从河洛地区穿过,荥阳附近的黄河岸边修建起了当时黄河沿线规模最大的转运仓——敖仓,将关东地区的粮食源源不断地运往关中。

西汉建立之后,河洛作为"天下之中",政治地位迅速上升。汉高祖刘邦平定天下后,本想定都于洛阳,后来听从娄敬与张良的建议,才确定了定都长安的大计。

汉代文学家扬雄对这段历史有过评述:"天下已定,金革已平,都于洛阳;娄敬委辂脱挽,掉三寸之舌,建不拔之策,举中国徙之长安,适也。"

齐人娄敬是最早劝说刘邦迁都关中的人,他因为此功被赐姓改名刘敬。

娄敬当时对刘邦说,关中之地被山带河,有四塞之固,即便出现危急情况,也有百万之众可以备战,又有肥沃的土地,当真是"天府之国"啊!如果大汉进入关中建都,拥有秦国的故地,就是"搤天下之亢而拊其背"。

刘邦的老部下多是关东人,仍劝刘邦建都洛阳:"洛阳东有成皋,西有崤渑,背靠黄河,朝向伊、洛二水,足以支撑其险要。"

但谋士张良进言道:"洛阳虽然也有险固,但地方狭小,不过数百里,容易四面受敌,且土地不肥沃,此非用武之国。关中左有崤函,右有陇岷,沃野千里。南部连接富饶的巴蜀,北方毗邻'胡人'的牧场,可阻挡三方来犯之敌,独以一面牵制东方的诸侯。天下平定后,关中可以利用黄河和渭水的水道来输送粮食,供应京师。这就是所谓'金城千里,天府之国'。娄敬说得对啊!"

史书记载,刘邦听完张良的话后,当天就从洛阳移驾长安。

历史上不少能人智士认为,河洛的战略地位不如关中。

实际上,河洛也有号称"天下治乱之候"的地理位置。其四面环山,西有崤山、中条山,南有熊耳山、外方山、伏牛山,东有淇山、嵩山等多座高山;北面是黄河,黄河南岸的邙山成为天然屏障,正好使洛阳免于黄河水患的侵扰。

总体上看,洛阳地势西高东低,境内山川丘陵交错,地势复杂多样。

山河拱戴之下,河洛地区作为古代的交通枢纽,控制着南北向的晋楚孔道与东西向的豫西走廊,构成一条十字架状的水陆交通大动脉。

针对河洛的地利,宋人李格非在《洛阳名园记》中说:"挟崤渑之阻,当秦陇之襟喉,而赵魏之走集,盖四方必争之地也。天下常无事则已,有事则洛阳先受兵……洛阳之盛衰,天下治乱之候也。"

西汉以前,周武王伐纣克殷、秦始皇统一六国,以及楚汉战争,都有控制河洛的战略目标。得中原者,往往可得天下。

在刘邦迁都关中两百年后,东汉的建立者汉光武帝刘秀再度将汉室江山托付于河洛。东汉以洛阳为都,将政治中心转移到了河洛,开创了光武中兴、明章之治等盛世。但到东汉中后期,陷入外戚与宦官交替把持朝政的乱局。

汉代的河洛地区在一场血与火的灾祸中走向落幕。

东汉初平元年(190年),占据洛阳的军阀董卓胁迫汉献帝迁都长安。

入主洛阳时,董卓废帝改立,独揽大权,他的士兵入室劫掠,残害百姓,董卓本人也暴虐群臣,京城内外人人自危。董卓不懂经济,却非要当

"懂王"，毁坏汉朝使用已久的五铢钱，收取洛阳及长安的铜器铸成更小的钱，导致物价飞涨。

迁都之时，董卓的军队又对洛阳进行了彻底的破坏，"尽徙洛阳人数百万口于长安，步骑驱蹙，更相蹈藉，饥饿寇掠，积尸盈路。卓自屯留毕圭苑中，悉烧宫庙官府居家，二百里内无复孑遗。又使吕布发诸帝陵，及公卿已下冢墓，收其珍宝"。

董卓死后，长安发生动乱，汉献帝在部分大臣的护送下返回洛阳。只见洛阳城满目疮痍，宫室被烧毁殆尽，百官只能在荆棘之间艰难求食，有的被活活饿死，有的被乱军所杀。

天下之中的河洛，既要承载王朝兴盛时的荣光，也要忍受王朝没落时的苦痛。

三国时期，曹魏建都洛阳，河洛一带免于战乱，得到恢复发展。洛阳、河内、河东、弘农等郡县，都是曹魏屯田的重要地区。

然而，曹魏的政权最终被河洛地区门阀势力的代表司马氏篡夺。西晋初年，晋朝的达官贵族生活荒淫、竞相奢侈，宗室内部钩心斗角、互相攻伐，最终酿成了八王之乱与永嘉之乱。

永嘉之乱，掀起了中国历史上第一次因动乱而发生的大规模人口南迁。此后每逢中原板荡，战乱不休，常有士庶避乱南徙。南迁的汉人常怀"河洛之思"，他们带着对中原故土乡音、乡貌、乡情的眷恋，将生活、饮食、起居、婚丧等习俗传播到南方。

河洛文化之精蕴在东晋、南朝得到了继承与弘扬，直至今日，南方诸多地区仍以传承河洛文化为荣，在福建等地就有很多"河洛郎"。

河洛郎，是中原后裔的自称。中国东南沿海的闽南人、客家人等，很多家族的先祖都可以追溯到河洛籍，他们是西晋永嘉之乱、唐朝安史之乱、宋朝靖康之变等重要历史事件后从中原地区南迁的汉人。

北人南迁，黄河统一

南北朝时期，河洛地区在历经战乱后得以复兴。

北魏孝文帝为了推行汉化改革，决定将都城从靠近草原地区的平城迁到河洛地区的洛阳。

北魏的统治者是鲜卑族，他们久居漠北，精于骑射。入主中原后，部分鲜卑贵族逐渐受中原文化洗礼，移风易俗，学习汉文化。

此外，平城一带容易发生旱灾，造成粮食减产或绝收。有一年，平城从春至夏饱受旱灾困扰，"野无青草"，孝文帝不得不开仓放粮，赈恤饥民，并鼓励民众出关就食。

从战略意义上来看，北方的游牧民族不断南下骚扰，尽管北魏在靠近阴山山脉的北部边境设立了六镇，但平城一带仍然避免不了游牧民族的威胁。

于是，推行改革的北魏孝文帝萌生了迁都洛阳的想法。他对宗室大臣拓跋澄说："国家兴自北土，徙居平城，虽富有四海，文轨未一。此间用武之地，非可文治，移风易俗，信为甚难。崤函帝宅，河洛王里，因兹大举，光宅中原。"

拓跋澄也认同河洛是迁都的理想之地，他对孝文帝说："伊洛中区，均天下所据。"

但北魏的宗室并非都支持变法与迁都，当时有不少人反对迁都。

北魏孝文帝想到一个实行迁都大计的计策。太和十七年（493年），孝文帝命人在黄河上建造浮桥，并下诏免除南迁路上经过地方的军粮，随后借口南伐，率领百官与步骑百余万从平城出发南下。

行至洛阳，正值秋季，阴雨连绵，道路泥泞，士兵疲困不堪，很多人都不愿意继续南下。群臣聚集到孝文帝的车驾前，请求他停止南伐，孝文帝便下令，全体人员进驻洛阳，以此"定迁都之计"。去洛阳反对派肯定不乐意，但南征路上困难重重，他们更怂，只好随孝文帝到洛阳。

次年，孝文帝正式下诏，迁都洛阳。

至此，孝文帝完成了迁都大计，实现了以河洛为政治中心的战略构想。

北魏灭亡后，分裂为东魏与西魏，后又演变为北齐与北周。继承北周的隋朝南下平定陈朝，使天下重归一统。

东都形胜，天子就之

在民族交融的浪潮之中，河洛文化迎来了隋唐这一鼎盛时期。

西魏之后，关陇集团崛起。作为关陇集团的代表，隋文帝杨坚定都关中，营建大兴城（即隋唐长安城），但他当时已经发现关中地区自然环境恶化，因此对河洛地区十分倾心。

开皇四年（584年），关中闹饥荒，隋文帝带着后妃、官员和将士等大队人马到洛阳"就食"，一连度过了冬春两季，等到青黄不接的季节过去，才返回关中。

由于关中人多地少，自然灾害频繁，粮食供应多依赖关东的输送，隋文帝有意通过改善漕运来解决这一难题。他命人在蒲州、陕州等地招募壮丁，设黎阳仓、河阳仓等储存粮食，并由建筑大师宇文恺设计，利用渭河开凿水渠。这条水道从长安城东通往潼关，长三百余里，称为广通渠。

隋文帝在位期间多次东巡，始终没有下决心迁都。这项庞大的工程，由他那个背负骂名的儿子隋炀帝完成。

隋炀帝即位后，有个叫章仇太翼的术士建议他迁都洛阳。章仇太翼利用隋炀帝的迷信心理，上书说："陛下的本命是木命，而长安所处的雍州在五行中属于金，金克木，对陛下不利，长安不可久居。开皇年间，有童谣说'修治洛阳还晋家'，陛下曾经被封为晋王，正好应验。"

史载，隋炀帝"览表怆然，有迁都之意"。

于是，隋炀帝当即巡行洛阳，进行实地考察。他登上洛阳城外的邙山，向南眺望伊阙，感慨道："这不就是龙门吗，古代的一些朝代为何不建都于此？"一旁的大臣苏威赶紧说："自古非不知，而是在等陛下。"隋炀帝大喜，"遂议都焉"。

隋炀帝下了一道诏书，宣布营建东京洛阳，声称这是为了继承隋文帝的遗愿，并重申洛阳"天下之中"的地位，所谓"我有隋之始，便欲创兹怀、洛，日复一日，越暨于今……今可于伊、洛，营建东京"。

大业元年（605年），尚书令、营东京大监杨素和将作大匠、营东都副监宇文恺等大臣奉命营建东京。新的洛阳城从汉魏故城西移十八里，建在东面瀍河、西面涧河的地带，北面为地势雄伟的邙山，洛河从城中横穿而过，河上建有浮桥，称"天津桥"。

整个城区由宫城（紫微城）、皇城（太微城）、外郭城三部分组成，天津桥北通往皇城，桥南通向外郭城的定鼎门，连通两个门的大街构成城市的中轴线，被称为"天津街"。

隋唐时期，洛阳是与长安齐名的世界级都市，唐人韦述评价河洛地理时说："川原形胜，自古都邑莫有比也。"

为了这项国家级工程，隋朝的百姓付出了惨重的代价。由于施工时间紧，劳动量巨大，数十万民工有近一半人累死在运输途中（"僵仆而毙者十四五焉"）。

隋炀帝在位时建造的另一项工程——大运河，也与营建洛阳息息相关。河洛，是隋唐大运河的中心。大运河北抵涿郡（今北京西南），南达余杭（今浙江杭州），由四段组成，以洛阳为中心，将海河、黄河、淮河、长江和钱塘江五大水系连在一起。

东京洛阳建成后，于大业五年（609年）改称"东都"。此后，隋炀帝有四年时间带着群臣在洛阳临政，占了其在位时间的三分之一。

其余时间，隋炀帝更多是沿着大运河巡幸江都（今江苏扬州），或带兵征战外族。他的好大喜功，耗费了隋朝的国运。隋末，饱受盘剥的民众揭竿而起，野心勃勃的军阀起兵造反，而隋炀帝本人最终在他醉生梦死的江南遇弑身亡。

神都盛景，通天新政

洛阳再次陷入战火，但天下之中的河洛，始终吸引着雄主的目光。

唐朝初年，隋炀帝的表侄唐太宗李世民就多次动议修复洛阳。作为关陇集团的继承者，唐朝建都长安，但李世民曾在唐朝开国的征战中与洛阳结下不解之缘，因此十分重视河洛的政治地位。

当初攻下洛阳后，秦王李世民命部下封守洛阳的府库，并让房玄龄搜集洛阳遗留的书籍。看到隋炀帝在东都修筑的奢华宫殿时，李世民感叹道："逞侈心，穷人欲，无亡得乎！"随后下令焚烧洛阳紫微宫的乾阳殿。

贞观四年（630年），唐太宗李世民命人重修乾阳殿，以备巡视。大臣张玄素认为此举是重现隋炀帝当年的暴政，因此极力反对。尽管唐太宗阐明自己重修洛阳城的原因是"洛阳土中，朝贡道均，朕故修营，意在便于百姓"，但为了避免被戴上昏君的帽子，他还是虚心纳谏，停止动工。

唐太宗恢复洛阳盛景的愿望，后来被武则天实现了。

唐高宗、武则天时期，一度将政治中心从关中转移到河洛。

上元二年（675年），唐高宗在巡幸洛阳时说："两都是朕东西之宅也。"唐高宗改洛阳为东都，前后七次巡幸东都，时间长达11年。在此期间，唐高宗因患病难以处理政事，遂让武后参决朝政，朝臣将帝后称为"二圣"。

永淳二年（683年），唐高宗在洛阳病逝，留下遗诏，欲归葬李唐的大本营关中。

继任的唐中宗为了满足父亲的遗愿，打算护送其灵柩回到关中安葬。但当时身在洛阳的陈子昂上书谏阻。这篇文采斐然的奏疏说，关中连年遭受灾荒，田园荒芜，丁男承担兵役、徭役，已经无力供应护送灵柩的人马和营建工程浩大的陵寝，而河洛一代地势险峻，风景秀丽，还有唐高宗已去世的儿子李弘的恭陵，在河洛营建高宗陵墓，再合适不过了。

陈子昂的这次上书没有奏效，唐高宗最终还是归葬于关中的乾陵。但唐中宗并没有亲自护送以尽孝心，因为他第一次登基只当了55天皇帝，就被他母后废黜。

之后在位的唐睿宗，也没能掩盖母亲强势的光芒。载初元年（690年），武则天正式夺取李唐皇室的政权，定都洛阳，改国号为周，史称"武周"。

洛阳，是武则天时期的"神都"。

有学者认为，武则天之所以坚持定都洛阳，是因为她出自关东庶族，不属于关陇集团，也就不需要尊崇长安的地位。

一代女皇将东都改为神都，使洛阳凌驾于长安之上，这也意味着关陇集团的失势。

为了改朝换代，武则天迫切需要在河洛实行新政。

她将佛教的地位确定在李唐推崇的道教之上，自己假托弥勒佛转生，代唐为帝，在洛阳修建明堂和天堂。史书记载，明堂有三层，高度约为98米，中有通天柱上下贯通，而天堂更宏伟，一共有五层，中间放置一尊大佛，仅佛像的小指就可并坐数十人。这是中国文献记载中规模最大的两座单体木构建筑。

为了提拔关东庶族，安抚天下士子，她扩大科举考试规模，广开入仕之门，从而推动庶族新兴阶层进入朝堂，使门阀士族走向没落，这是中国历史上的进步之举。

为了彰显革故鼎新的合法性，武则天登临中岳嵩山封禅，将嵩山南麓的嵩阳县改名为登封县，阳城县改名为告成县，这两个地名沿用至今。

文人传言，武则天贬长安牡丹于洛阳，引发洛阳种植和观赏牡丹的狂热现象，从此有了"洛阳牡丹甲天下"一说。

神都的时代，随着武周的覆灭而成为历史。

武则天去世后，此前已复辟的唐中宗让她同丈夫唐高宗合葬，并取消皇帝的名号，称为"则天大圣皇后"。乾陵的朱雀门外竖立着一块石碑，上面没有镌刻文字，被称为"无字碑"，亦如武则天的一生，是非功过，难以评说。

此后的唐朝皇帝虽然仍记挂着河洛地区的经济和文化，但都有意疏远与洛阳的关系。

有一年，关中灾情严重，山东、江淮的粮食迟迟没有送到。群臣建议唐中宗东迁洛阳，美其名曰"巡幸"，其实就是讨饭吃。唐中宗勃然大怒，说："岂有逐粮天子邪！"

唐中宗这次发怒，除了对漕运不济感到不满，心中或许还有对洛阳的排斥。

唐玄宗李隆基在位期间，五次巡幸东都，却不胜其烦。李隆基早年在洛阳时，还是一个懵懂的小皇孙，但因为武氏执政，他遭到软禁监视，每天活得战战兢兢，对洛阳可没有什么好回忆。

第五次巡幸洛阳之际，唐玄宗听从京兆尹裴耀卿的建议，改善关中漕运问题，疏浚沿线水道，使江淮漕粮经鸿沟输纳河阴仓，再沿黄河运到洛阳含嘉仓或陕州太原仓，之后经渭河运往关中，从而使关中漕运更加便捷，运送的粮食比唐高宗时增加了十多倍。

唐玄宗从此不再前往洛阳，而是留在关中安逸享乐。他当时重用的宰相是口蜜腹剑的李林甫。天宝三载（744年），唐玄宗得意扬扬地说："朕不出长安近十年，天下无事，朕欲高居无为，悉以政事委林甫。"

但是，11年后，渔阳鼙鼓震碎了唐玄宗的盛世美梦，河洛也陷入一片战火之中。

安史之乱成为唐朝由盛转衰的转折点。

当唐朝皇帝最后一次迁都洛阳，帝国已经敲响倒计时的钟声。

唐朝末年，河南军阀朱温挟持唐昭宗迁都洛阳。

此时，唐昭宗早已是孤家寡人，沿途没有军队护送，只有十几个小宦官追随。到达洛阳后不久，唐昭宗就被朱温的部下所弑。朱温得知唐昭宗遇害后，假装震惊不已，趴在唐昭宗的灵柩上哭得死去活来，随后另立了一个小皇帝，史称哀帝或昭宣帝。

天祐四年（907年），朱温在汴州接受了唐朝末代皇帝唐哀帝从洛阳发出的禅让诏书。次年，被迫退位的唐哀帝被毒杀。

大唐王朝的兴衰存亡，在河洛地区画下了句号。

若问古今兴废事，请君只看洛阳城

历经五代的政权兴替之后，北宋定都于开封，以洛阳为西京，对唐末以来频繁遭受破坏的河洛城邑进行修缮。北宋时期，河洛人文荟萃，文化昌盛，洛阳作为西京，成为文人和失意政客的聚居地。

精通《周易》的邵雍中年隐居伊川，晚年长居洛阳，一生倡内圣外王之道，提出以心为本体、视天道（天地之心）与人性（圣人之心）为一理的"性命之学"，却耕于陇亩，大隐于世，受到世人尊敬。

邵雍晚年病重时，关学的创始人张载来到洛阳看望他，问道："先生信命乎？载试为先生推之。"

邵雍回答道："世俗所谓命，某所不知，若天命则知矣。"

张载只好说："既曰天命，无可言者。"

平生擅长象数之学的邵雍，不相信所谓的命运。他生前将去世的父亲葬在洛阳伊水之畔，自己死后也葬在父亲之侧。

邵雍在世时，常与"二程"程颢、程颐论学。

程颢、程颐兄弟长期在洛阳居住、著述和聚徒讲学，他们仕途不顺，退而著书立说，主张行王道，施仁政。他们以"理"为核心，形成了一套思想体系。

程颐说："凡眼前皆是物，物物皆有理，如火之所以热，水之所以寒。至于君臣父子间皆是理。"

邵雍之子邵伯温问程颐："孟子言心、性、天，只是一理否？"

程颐回答说："然。自理言之谓之天，自禀受言之谓之性，自存诸人言之谓之心。"

"二程"所说的"理"，既存在于自然界，也存在于人类社会，既是指天地万物的自然规律，也是指统治阶级的伦理纲常，具有一定的片面性。

由邵雍、"二程"等开创的洛学，发祥于西京洛阳，开宋明理学之先河，这是河洛文化对后世的又一深远影响。

来到洛阳的失意文人中，还有北宋名臣司马光，他因为反对王安石变法，从东京开封退到西京洛阳任闲职。

在洛阳期间，司马光与同僚呕心沥血，前前后后历19年之艰辛，编写成卷帙浩繁的编年体通史《资治通鉴》。

司马光在洛阳书写这部心血之作，也为河洛的历史烟云感慨万分。他用一句诗道尽河洛王者之里的兴亡成败："若问古今兴废事，请君只看洛阳城。"

参考文献

[汉]司马迁：《史记》，中华书局1982年版

[汉]班固：《汉书》，中华书局1962年版

[北齐]魏收：《魏书》，中华书局1997年版

[唐]令狐德棻：《周书》，中华书局1971年版

[唐]魏徵：《隋书》，中华书局1997年版

[后晋]刘昫等：《旧唐书》，中华书局1975年版

[宋]欧阳修、宋祁等：《新唐书》，中华书局1975年版

[宋]司马光：《资治通鉴》，中华书局2011年版

杨海中：《图说河洛文化》，河南人民出版社2008年版

丁其善：《洛阳史话》，社会科学文献出版社2017年版

郭绍林：《洛阳隋唐五代史》，社会科学文献出版社2019年版

3 北京与华北平原：为什么天子非要到北京守国门

北京三千多年的建城史，要从一个叫"蓟"的小国说起。

周武王克商后，大封诸侯，其中，封帝尧的后代于蓟，封宗室召公于燕。蓟城遗址在今北京西城区广安门。现在那里树立着一根"蓟城纪念柱"，上刻铭文：

"北京城区，肇始斯地，其时惟周，其名曰蓟。"

春秋时期，北方山戎大举进犯，燕、蓟两国首当其冲。燕国在霸主齐桓公的帮助下北破山戎，日渐强盛，而蓟国逐渐衰落，后被燕国吞并，蓟城也成了燕国的上都。也有一说，弱小的蓟国早已被山戎所灭，燕国赶走山戎之后，看到蓟国已亡，就占便宜，把都城迁到蓟城。

燕蓟之地，位于古代中原地区的北端，在地理上是华北平原的北缘。这个曾经远离中心的区域，却在此后漫长的历史演进中，开启了一场从边缘迈向中心的狂飙突进，直到成为中国的政治中心。

燕蓟八百年

燕国是蓟国的邻居，一说，燕国始封地在今北京房山区琉璃河镇，也是北京城的发源地之一,只因被山戎长期侵扰,才南迁到易水流域,建都于临易。

列国诸侯之中,燕国国君的血统堪称高贵,其始封君燕召公原名姬奭,是周武王的弟弟,也是周朝的开国元勋,与周公旦齐名。

但是,春秋时期,燕国从南边的临易迁都到蓟城后,没有走上做大做强、创造辉煌的道路,反而陷入长期沉寂。即使后来成为战国七雄之一,也是个存在感堪忧的"小透明"。

汉朝司马迁在《史记》中写燕国战国时期的发展史时,浓墨重彩地写了两件事:

一是燕国子之之乱后,新即位的燕昭王姬职励精图治,高筑黄金台,得到乐毅、秦开等人才辅佐,遂使燕国崛起,一雪前耻,击败强大的齐国;二是战国末年,燕太子丹派刺客荆轲去刺杀秦王嬴政。

燕昭王经营的事业使燕国成功跻身七雄之列,但很快被他的儿子燕惠王败光了。燕惠王即位后,猜忌主将乐毅,将其罢免,导致伐齐大业功亏一篑。燕国依旧没有摆脱边缘地带的地位。

五十多年后,燕太子丹的刺秦计划,成为燕国挺进历史舞台中央的又一次试探。

公元前227年,卫国人荆轲为报燕太子丹的知遇之恩,踏上了前往秦都咸阳刺杀秦王嬴政的旅程。

荆轲的好友、音乐家高渐离为其击筑送行,一曲"风萧萧兮易水寒,壮士一去兮不复还"的悲歌在燕国大地上回响。荆轲此去,凶多吉少。

秦都大殿上,荆轲的助手秦舞阳(燕国名将秦开之孙)没见过那么大阵仗,还没见到秦王就已经怯场。荆轲只好孤军奋战,独自捧着燕国献给秦国的礼物,来到秦王嬴政面前。

此后片刻,成为嬴政此生最凶险的时间。

荆轲徐徐展开献给秦王的地图,在刹那间抽出藏在图中的匕首,向秦王刺去。秦王嬴政躲过了荆轲的第一次攻击,随后挣扎起身,与荆轲围绕着大殿的铜柱追逐躲闪。

二人僵持之际，秦王嬴政的御医急中生智，用随身携带的药囊砸向荆轲，给了秦王反击的机会。此时，左右都高呼"王负剑"，提醒秦王拔出背后的长剑。秦王这才反应过来，拔出剑刺伤了荆轲的左腿。荆轲受伤后，眼见行动即将失败，马上向秦王投出匕首，但被其躲过。之后，秦国卫兵上殿护驾，当场将荆轲杀死。

燕太子丹的计划，非但没有阻止强秦东出，反而使秦、燕两国进一步结怨。

荆轲刺秦的五年后，立国八百年的燕国，在秦国虎狼之师的进攻中走向覆灭。

北境之地

先秦时期，燕国长期处于远离王畿的偏远之地。

燕都蓟城所在的区域，即北京平原一带，地处华北平原北沿，北边是东西走向的燕山山脉，西边是南北走向的太行山脉，当地人称为"西山"，东边是浩瀚辽阔的渤海海疆，南边是由黄河、淮河、海河、滦河以及无数大小河流冲积而成的面积约30万平方公里的华北平原。

北京端坐在华北平原的北端，背风向阳、水盈土肥，是华北地区的一片沃土，在古代也是中原农耕文明与北方游牧文明的交汇地带。古人对此地称赞道："（北京）左环沧海，右拥太行，北枕居庸，南襟河济，诚天府之国。"

在太行山与燕山的环抱下，北京平原就像一个向东南方向缓缓展开的海湾，三面围合，一面敞开，俗称"北京湾"，其过境河流有200余条，分属于永定河、拒马河（大清河）、温榆河（北运河）、潮白河和泃河（蓟运河）五大水系。

永定河从西山流淌下来，作为北京城旁的一条大河，哺育着这座古老的都城，被称为北京的"母亲河"。古时候，永定河为北京城提供了大量用水，但由于含沙量高，河道多变，夏天多发洪水，让城中百姓苦恼不已，也被叫作"无定河"。后来河道经过治理，水患减少，"永定河"之名才流传下来。

秦灭六国后，建立起统一的中央集权国家，在疆域内实行郡县制。自秦汉到隋唐，帝国的边疆问题多来自北方，汉朝有匈奴、乌桓、鲜卑等，唐朝有突厥、靺鞨、契丹等，因此，蓟城由先秦的燕国国都变成了北部边疆的军事重镇与交通枢纽。

从秦汉到隋唐的一千多年时间里，今北京一带以广阳郡、范阳郡、幽州等耳熟能详的地名留名史册。

燕蓟之地，始终没有放弃向国家中心进击的尝试。

唐玄宗在位时，身兼平卢、范阳、河东三镇节度使的野心家安禄山，发动了改变大唐国运的安史之乱。

安禄山本是营州（今辽宁朝阳）杂胡，地位低下。他为了加官晋爵不择手段，在边境建立战功的同时，通过察言观色、伪装自我，成功取得唐玄宗的信任，逐渐成为地方大员。

作为出色的"演员"，安禄山每次进京，都会扮演成一个憨态可掬的胖子，向唐玄宗拍马屁。为了向唐玄宗献媚，他拜小自己16岁的杨贵妃为母，没事就在唐玄宗面前表演一段胡旋舞。

安禄山体型异常肥硕，坐下来腹部压到膝盖上，站起来行走也不方便，进京时沿途驿站的马都驮不动他，可在唐玄宗面前跳起胡旋舞却特别灵活，甚至迅疾如风。

唐玄宗欣赏安禄山的表演，指着他的肚子开玩笑说："你这胡人肚子这么大，都装些什么啊？"

安禄山答，别无他物，都是赤胆忠心。

到了"渔阳鼙鼓动地来，惊破霓裳羽衣曲"的时候，唐玄宗才知道自己一直被这个胖子蒙在鼓里,也感受到了来自幽燕的恐惧。为大唐把守边疆大门的幽州精锐,转眼间成了盛世的毁灭者。

范阳节度使的治所幽州(今北京西南二环一带)是安禄山的大本营,也是他起兵反唐的地方。唐幽州城仿照当时都城长安改建,城内有繁华的坊市,街道呈棋盘状,据《太平寰宇记》记载,其"南北九里,东西七里,开十门"。

唐天宝十四载(755年),安禄山联合其同乡史思明从幽州起兵南下,沿着黄河一路势如破竹。唐军在黄河沿岸设置的三道防线在安史叛军精锐的践踏冲击下形同虚设,1月之间,陕郡(今河南三门峡西)、东都洛阳接连失守。安禄山自立为"大燕皇帝",差点儿就要把唐朝天子拉下马,自己取而代之,但不久后被其子所杀,安史叛军也陷入与唐军的长期对峙中。

安史之乱历时8年,大唐帝国在这场动乱后一蹶不振,再也没能恢复昔日荣光。

定都关中的大唐王朝走向衰落,中国古都的地位也开始重新洗牌。

由于长期战乱、气候剧变以及运河经济崛起等原因,唐朝以后,中原政权的都城开始自西向东转移。坐拥大运河枢纽优势的汴州率先脱颖而出,而地处大运河北端的幽燕大地,也逐渐凸显其战略地位。

五代十国时期,幽州城因为一桩政治买卖引人注目,并逐渐迈向国家的核心。

936年,河东节度使石敬瑭为了夺取皇位,起兵背叛后唐。他向当时雄踞北方的契丹求助,许诺割让燕云十六州,随后接受契丹的册封,建立后晋。石敬瑭向契丹奉表称臣,自称"儿皇帝"。

从此,包括幽(今北京)、檀(今北京密云)、顺(今北京顺义)、儒(今北京延庆)诸州在内的十余个幽燕重镇,落入契丹(辽)手中。一方面,华北门户大开,中原地区在此后几个世纪都受到北方少数民族的威胁;另一方面,作为华北大都会的幽州,也成了契丹、女真等少数民族政权统治下少有的一线城市。

辽金陪都的崛起

契丹人以辽为国号，建立五京制，升幽州为陪都，号曰"南京析津府"，又称燕京。

辽五京中，燕京是北方的经济、文化中心，提供了辽朝一半的财政收入。

《契丹国志》中描述了燕京在辽朝治理下的繁荣景象：

"南京，又为燕京析津府，户口三十万。大内壮丽，城北有市，陆海百货，聚于其中；僧居佛寺，冠于北方。锦绣组绮，精绝天下。膏腴蔬瓜、果实、稻粱之类，靡不毕出；而桑、柘、麻、麦、羊、豕、雉、兔，不问可知。水甘土厚，人多技艺。"

这是这座城市由军事重镇走向国家政治中心的过渡阶段。契丹称雄北方的过程，也是民族交融的过程。

1122年，女真人建立的金政权攻破了燕京，成为这座城的新主人。

金朝建立的也是五京制，但其龙兴之地在东北，起初以上京会宁府（今黑龙江阿城南）为都城。女真的保守派仍因循守旧，眷恋牧猎生活，守着东北那片地方舍不得离开。

后来，决定迁都燕京的是金朝第四位统治者——海陵王完颜亮。

完颜亮一直是一个饱受争议的人物，他野心膨胀，发动政变谋杀金熙宗夺位，又深受汉族文化影响，相传因为读了柳永的词而对江南莫名向往，急于南下攻宋。

完颜亮即位后杀掉了一批宗室大臣，并将上京的宫殿、宅第拆毁，夷为耕地，于贞元元年（1153年）迁都燕京，定名中都，取居天下之中号令四方之意。

除此之外，完颜亮还将祖上陵墓迁葬。辽时，尽管政治、经济中心不断南移，但契丹贵族死后仍按传统归葬北方。完颜亮却把金朝先祖皇帝的坟都迁过来了。

完颜亮迁都，一是为巩固统治，摆脱旧势力的纠缠，二是看重燕京利于军事防御的山川形胜。

诚如宋朝大儒朱熹所言："冀都（燕京）天地间好个大风水。山脉从云中发来，前面黄河环绕，泰山耸左为龙，华山耸右为虎，嵩山为前案……故古今建都之地，皆莫过于冀都。"

完颜亮的迁都政策无疑加强了女真族和汉族的交融，但其淫乱暴虐的行为早已引起女真宗室的不满，最终，完颜亮在征宋路上被手下所杀，其帝号也被废除。

从完颜亮手中夺取皇位的是金世宗完颜雍。他在政变中即位，有人劝其遵守祖训，搬回上京会宁府，但更多的有识之士建议他迅速赶赴中都，"据腹心以号令天下，万世之业也"。

金世宗当机立断，急赴中都，果然迅速地坐稳皇位。

元朝营建大都

13世纪，蒙古骑兵南下，灭了金、南宋。成吉思汗的孙子忽必烈取《易经》中的"大哉乾元"一句，改国号为大元，将原来的金中都改为元大都，并由大臣刘秉忠负责营建。

元世祖忽必烈之所以定都燕京，与一场夺位之争息息相关。

1259年，率军南下攻宋的蒙哥汗在合川钓鱼山下暴毙。当时，忽必烈正与宋军鏖战于长江边的鄂州，而他的弟弟阿里不哥已经开始谋夺汗位。

阿里不哥以和林（在今蒙古国境内前杭爱省）为根据地调兵遣将，占得先机。那时的和林是蒙古帝国的都城，也是世界的中心，从莱茵河畔到黄河两岸，大半个欧亚大陆接受这座城市的诏令，屈服于蒙古大汗的铁蹄之下。

忽必烈从宋蒙战场北归时，阿里不哥已在北方号令各军，以大汗自居。忽必烈的谋臣郝经紧急上书，建议忽必烈班师前往燕京，然后再北上草原与阿里不哥交战。

郝经是个牛人，后来出使宋朝，被贾似道软禁，一关就是16年，元朝也不知他是死是活。他在去世前一年才获救，演绎了一出元朝的"苏武牧羊"传奇。

忽必烈早已知道燕京一带的重要性，据《元史》记载，蒙古贵族巴图鲁曾向忽必烈进谏："幽燕之地，龙蟠虎踞，形势雄伟，南控江淮，北连朔漠。且天子必居中以受四方朝觐。大王果欲经营天下，驻跸之所，非燕不可。"

于是，忽必烈接受郝经等人的建议，北上燕京，进行建国定都的准备，随后与阿里不哥决战。阿里不哥远在漠北，鞭长莫及，难以调动进入汉地的蒙古军，在历时4年的争斗中落于下风，兵败被囚。最终，忽必烈成功夺取汗位。

随着阿里不哥的失败，和林迅速衰落，沦为一个地区性中心，消逝在历史的漫漫黄沙之中。

此时，草原上的都城显然已不合时宜。

刘秉忠也为忽必烈出谋划策。

刘秉忠早年当过和尚，后以僧人身份北上谒见忽必烈，因学识渊博成为其头号谋臣。他有一句名言："以马上取天下，不可以马上治之。"

忽必烈认为自己文化水平不够，于是十分器重刘秉忠。拟定国号、定都燕京，都有刘秉忠的功劳，可以说他是元朝改革的总设计师。

刘秉忠带上郭守敬、也黑迭儿等顶尖建筑人才，在金中都故址东北兴建新的都城——元大都。

在元朝的统治下，大都成为全国的政治中心。

此外，元朝为了打通政治中心大都与经济中心江南地区的联系，通过疏浚隋唐大运河旧道和开凿新道，使京杭大运河全线贯通。北京位于大运河与华北平原北端，在大运河时代，经济上可南连江淮，仰仗东南，依靠通航天下的漕运为帝都"输血"。

帝国中轴线

历经金、元两朝，北京的国都之位仍非不可动摇，明太祖朱元璋就曾在定都一事上纠结。

明洪武元年（1368年），朱元璋当上皇帝后，将元大都降为北平府，并仿照古代的南北二京制度，将应天定为南京，汴梁（今河南开封）定为北京。但没过多久，汴梁的"北京"地位就被废除，朱元璋还是把朝廷设在了南京。

朱元璋选择应天府为国都，和他的出身有关。本是安徽凤阳农民的他，一度沦落到削发为僧、乞讨为生，后来乘着天下大乱的时局，在南方建立了自己的基业，依靠富庶的江浙发展势力，北伐元朝，打下大明江山。

南京，就是朱元璋的大本营。

明朝初年虽定都南京，但朱元璋仍不时有北迁的想法，曾考虑的地点包括西安、洛阳和北平（元大都）。

西安，有"崤函、终南之阻，渭、灞、浐之雄，百二山河之胜"。但是，这里若无南方的粮食运输，饭都吃不饱，皇帝也要喝西北风。更何况，明朝时中国早已生齿日繁，粮食需求量更庞大。

再看洛阳，"东压江淮，西挟关陇，北依邙山，南望阙，曾为十三朝之都"，这份"简历"很漂亮，让人眼前一亮。太子朱标在巡视考察多地后，圈选了西安、洛阳、北京三处，想在其中挑选一城作为国都。

至于北平，"右拥太行，左注沧海，抚中原，正南面，枕居庸，奠朔方"。蒙古人离开后，北方尚未安定，此时朱元璋直截了当地问大臣们："建都北平，可以控制'胡虏'，和南京相比如何？"

翰林院修撰鲍频的观点代表了当时大多数人的观点："蒙古人兴盛于漠北，立都于燕，到现在已经百年，王气已尽。咱南京是兴王之地，这儿挺好的，没必要再迁都了。"

迁都一事因大臣劝阻，就这样暂时搁置，直到朱棣发动靖难之役，于1402年从侄子建文帝手中夺位后，才再度提上日程。

朱棣称帝前，常年驻守北方要镇，率军抵御元朝残余势力，北平是他的兴王之地。攻下南京后，朱棣整天盘算着迁都北平。

为了避免遭到舆论的反对，他通过礼部尚书李至刚等人之口把迁都的建议说出来，诏令文武群臣商议迁都之事。

朱棣认为，天子居北，正是居重驭轻，也可以加强北部国防，就采纳了迁都的建议。他先将北平改为"北京"，作为陪都、行在（皇帝所在之地），毕竟他爹朱元璋也曾把老家凤阳升为陪都，他提升一下北京的地位，也不过分吧。

之后，反对迁都的大臣被朱棣贬去种田，在严酷的惩处下，反对的声浪逐步平息。

朱棣为迁都做了大量准备。他下诏向北京周边大举移民屯田，五年内减免赋税，来自江苏、浙江、山西等九省的大批居民被迁到北京。同时，下令疏浚京杭大运河，打通南北漕运之路。朱棣还宣布自己要在北京北郊昌平建造陵墓，打算死后葬在北京，这也是迁都的"预热"工作。

与此同时，朱棣下诏在北京启动新的营建工程。紫禁城、太庙、社稷坛、天地坛（今天坛）、山川坛（今先农坛）等国家工程拔地而起，沿着城市中轴线分布，形成"左祖右社，前朝后市"的布局。

永乐十九年（1421年），明朝正式从南京迁都北京。

三年后，明成祖朱棣在北伐班师的途中病逝。他至死都没有放弃天子守国门的信念，而大明历任皇帝也继承了他的夙愿。

此后近五百年的岁月，明清两朝皆以北京为都，皇帝平日里居住在紫禁城，到太庙祭祖，到天坛祭天，到先农坛、社稷坛祈求五谷丰登、社稷安定。

据说，清朝在接待外国使臣时，为了让他们遵守"天朝上国"的礼仪，常让他们沿着中轴线上的正阳门徒步走向北边的紫禁城。

沿着这条中轴线，坛庙分列左右，一边象征敬天法祖，另一边寓意国泰民安；一边是对往昔的崇敬，另一边是对未来的期盼。走上紫禁城的大道，庞大雄伟的宫殿足以让外国使节心生畏惧。

相传，外国使节们经过这一番折腾，到太和殿时往往已经身心俱疲，不得不拜伏于天子脚下。

这条贯穿南北的城市中轴线，恰好与北京城墙组成一个巨大的"中"字，而沿着这条中轴线向广袤的神州大地伸展，历经沧桑的北京城也是统率全国的中枢。

燕蓟之地雄踞于华北之北，至此成为天下中心。

参考文献

[汉]司马迁：《史记》，中华书局1982年版

[宋]司马光：《资治通鉴》，中华书局2011年版

[元]脱脱：《辽史》，中华书局1974年版

[元]脱脱：《金史》，中华书局1975年版

[明]宋濂：《元史》，中华书局1976年版

[清]张廷玉等：《明史》，中华书局1974年版

侯仁之：《北平历史地理》，外语教学与研究出版社2013年版

方彪：《北京简史》，北京时代华文书局2017年版

彭华：《燕国八百年》，中华书局2018年版

魏开肇：《北京城市史：历代建置与机构》，北京出版社2016年版

第三章
海洋时代

1 东海：日本留学生为什么背井离乡也要奔向大唐

一封来自小国的国书，惹怒了骄傲的隋炀帝。

隋大业三年（607年），即倭国（日本）推古十五年，倭国遣隋使小野妹子乘船渡海，来到大隋东京洛阳，向隋炀帝杨广呈上一封汉文信。

这封信的开头写着："日出处天子致书日没处天子无恙。"

蕞尔小邦竟敢写出和大隋帝国平起平坐的国书，这在隋炀帝看来，实在是不像话。隋炀帝怒气冲冲地对负责外交的鸿胪寺卿说："这种无礼的信，以后就不要拿给我看了！"

小野妹子使团十分尴尬，只能向隋朝反复解释。好在开放包容的隋朝，没有因为这点儿小事就退回国书，跟倭国断交，也没有把小野妹子一行人赶出鸿胪客馆。

入隋后，小野妹子使团被隋朝的繁荣强盛深深震撼，他们尊称隋炀帝为"菩萨天子"，同行的遣隋使中，还有来华学习文化典制的留学生、学问僧。

隋唐时期，新罗、日本等国借助季风，沿着航道来访，海上往来使者、商旅不断。

海风吹拂着陆地，指引着来自彼岸的客人，也将隋唐的盛世华章远播四海。

古籍中的东海

中国古籍中的"东海"所指,因时而异。先秦典籍中的东海,相当于今之黄海,秦汉以后,则包括今东海、黄海的范围。

历史记载,古东海与海外的交往可以追溯到商周时期。

商朝末年,商纣王的叔叔箕子不满纣王乱政,被其囚禁。周武王灭商后,箕子怀着"彼狡童兮,不与我好兮"的亡国之痛,从今胶州湾东渡,到达朝鲜半岛,建立侯国。

秦朝建立后,秦始皇为寻找海外仙山,派方士徐福出海。徐福没有给秦始皇带回长生不老药,自己却活成了传说。相传,他带着3000童男童女横跨大海,在日本留下了踪迹。

海上丝绸之路东海航线成形后,其北道从胶东半岛的登州(今山东蓬莱)等港出发,过庙岛群岛接辽东半岛,再转至朝鲜半岛和日本列岛;南道从扬州、明州(今浙江宁波)等江浙港口启航,通过东海航向朝鲜半岛和日本列岛。

隋唐时期,日本、新罗等国的来使,正是途经这条航线,在中国沿海港口登陆,之后再由陆路前往长安、洛阳等地。

岛国的使者

隋开皇二十年(600年),杨广刚被立为太子,倭国的摄政大臣圣德太子就派了一支遣隋使访问隋朝的国都大兴城。

当时,倭国正处于日本历史上的"飞鸟时代",是一个文化贫瘠的岛国,靠山吃山,靠水吃水,仍处于落后的奴隶社会。由于缺乏深厚的文化土壤,倭国不得不从外来文化中寻求弥补，而他们最好的老师，便是在地理上一衣带水的隋唐帝国。

日本作家井上靖写道，那时的日本人"恰如婴儿追求母乳般贪婪地吸收中国的先进文明""殷切希望政治上要成为像中国那样统一的国家组织，经济上要过像汉人那样灿烂的文化生活"。

圣德太子是中华文化的狂热粉丝。圣德太子的老师、高丽高僧慧慈曾经对他说："大隋官制完整，国力强盛，笃信并保护佛法。"慧慈的意思是，如果要学习先进文化，就要去向大隋取经。

此后，圣德太子在执政时期推行改革，促成了中国儒学与佛教的东传，并仿照中华典制，制定"冠位十二阶"和"十七条宪法"等制度，为后来的大化改新奠定了基础。

隋大业三年（607年），倭国遣隋使再度来访，尽管小野妹子上呈的国书引起了隋炀帝的不快，但隋炀帝还是表现出了宽宏大量的一面。

当小野妹子一行人返航归国时，隋炀帝派出文林郎裴世清率领的13人代表团与他们一同出发，回访倭国。《隋书·东夷传·倭国》记载，裴世清访倭的路线为："度百济（朝鲜半岛西南部），行至竹岛（位于今韩国全罗南道），南望耽罗国（济州岛），经都斯麻国（对马岛），迥在大海中。又东至一支国（壹岐岛），又至竹斯国（筑紫）……"大致相当于遣隋使及后来遣唐使初期的北路。

倭国上下得知隋朝使者到来，大喜过望，圣德太子派遣官员携75匹盛装骏马，设仪仗，鸣鼓角，迎接隋朝使者到倭国都城。

裴世清在隆重的欢迎仪式上见到了倭王与摄政大臣圣德太子。当时的倭王，是一位"姿色端丽"的女王，日本史书称为推古天皇。

推古天皇谦虚地对隋朝使团说："我听说大隋在大海之西，乃礼仪文明之邦，故遣使朝贡。我们是偏居海隅的区区岛国，不识礼仪，孤陋寡闻。今日听闻大使到来，我命人清扫道路，装饰馆驿，以待大使，希望得到大国的教化。"

裴世清代表隋朝，以大国口吻回答道："大隋皇帝德并二仪，泽流四海，以王慕化，故遣行人来此宣谕。"

之后，为护送隋朝使团回国，小野妹子再度担任遣隋使，带着新拟的国书出使隋朝。这一次，国书上的称谓没有"日出处天子""日没处天子"之类的表述，而是改为"东天皇敬白西皇帝"，增添了几分恭敬，但仍避开了两国间的上下关系问题。此时，隋炀帝正忙着为征伐高丽大动干戈，可能也没时间再次为倭人的国书感到恼怒。

小野妹子再度完成出使任务，他安顿好留学生、学问僧后就先行回国了。这个名叫"妹子"的男人就这样在中日友好交流的历史上留下了自己的名字。

跟随小野妹子入华的留学生、学问僧，虚心学习隋朝典章制度。其中，高向玄理与南渊请安留居中国30余年，他们见证了隋、唐的朝代更替，后来回到倭国，成为大化改新的核心人物。

7世纪后半叶，倭人"稍习夏音，恶倭名"，他们久慕唐风，觉得倭这个国名有贬义，于是将自己的国名改为"日本"（也有一说是武则天赐名）。

鉴真东渡

隋大业三年（607年），小野妹子带着一批学问僧访问隋朝时，说他们的目的是"闻海西菩萨天子重兴佛法，故遣朝拜，兼沙门（僧侣）数十人来学佛法"。此处的菩萨天子即隋炀帝，他和他的父亲隋文帝都是著名的佛教徒。

佛教文化，在隋唐时期的中日交流中扮演了重要的角色。

圣德太子听说隋朝一反北周武帝灭佛的政策，大力复兴佛教，于是也想在日本国内效仿。他在推动中央集权制改革的同时，企图把信奉多种神祇的豪族引导到佛教上来，从而统一信仰，缓解豪族之间的矛盾。

到了唐朝，自倭入唐学法的学问僧人才辈出，其中最具代表性的人物是所谓的"入唐八大家"——最澄、空海、常晓、圆行、圆仁、惠运、圆珍和宗叡。中国佛教中的华严宗、律宗、天台宗、禅宗、密宗等传入日本。

在这个中国文化哺育日本文化的时代，唐朝出现了一位东渡传法的高僧鉴真。

唐天宝元年（742年），随日本遣唐使团来到中国的日本僧人荣睿和普照准备归国，他们肩负着为日本寻找佛学"特聘教授"的重任。二人四处打听，得知扬州大明寺的鉴真是一位德高望重、学识渊博的高僧，便前往拜谒，恳请他到日本传法。

荣睿、普照对鉴真说："佛法东流至日本国，虽有其法，而无传法人。"

鉴真当时已经50多岁，他在扬州讲经弘法多年，广招子弟4万人，拥有丰硕的学术成果。如果是一般人，做到这份上就可以"退休"了。

但是，鉴真被虚心求学的日本僧人打动了，他环顾四周，问弟子们："我们之中，谁愿意接受这个邀请？"

鉴真说罢，只等来了许久的沉默。此时，一个叫祥彦的弟子说："彼国太远，性命难存，沧海森漫，百无一至。"意思是说，这一趟旅程要横跨东海，搏击风浪，一定性命堪忧，不去不去。

一时间"众僧缄默"，没有一个人敢说话。鉴真见弟子们迟迟不表态，终于开口说出了自己的答案："是为法事也，不惜身命，诸人不去，我即去耳！"

看到鉴真普度众生、不畏艰险的决心，包括祥彦在内的诸位弟子最终改变主意，从此坚定地支持鉴真，跟随他开始了历时十余年的6次东渡。

鉴真所在的扬州，坐拥大运河与长江交汇的地理优势，是海外来客必去的商贸中心，"为南北大冲，百货所集"，可谓富甲天下。白天，扬州港"舳舻万艘，隘于河次，堰开争路，上下众船相轧"，到了晚上，"夜桥灯火连星汉，水郭帆樯近斗牛"，可见水运之发达。

但与当年玄奘西行"冒越宪章，私往天竺"一样，鉴真的东渡也没有得到唐朝政府的支持。按照唐朝法律，僧人私渡日本是触犯刑律的，这意味着鉴真东渡不仅要克服惊涛骇浪的阻碍，还要面对来自社会和政府的重重阻力。

天宝二年（743年）第一次东渡时，鉴真一行人在扬州打造船只的事情被人告发，遭到查处，"所造船没官"，初次东渡还没开始就已宣告失败。

第二次东渡时，鉴真在岭南道采访使的帮助下购得一艘旧船，雇佣船工上百人，筹集了航行所需的粮食、药品等，再次出发。鉴真师徒一行顺长江东下，航至狼沟浦，遇到狂风恶浪。这艘"二手船"经不起折腾，破损后搁浅，潮水涌入船舱，米粮都被浸坏，鉴真一行人只好暂时放弃航行。

船只修好后，鉴真展开了第三次东渡，由于风向不对，众人在海上耽搁了一个月才到达乘名山（今嵊山岛），又突遇风暴，船只再次破损沉海，船上带的淡水、干粮消耗殆尽。幸运的是，鉴真等人被路过的渔民救起，但不幸的是，鉴真回到岸上，就被明州地方官举报，随后被送往明州名刹阿育王寺中软禁。

鉴真被软禁在阿育王寺的消息传开后，各地寺庙多次请他讲学。唐朝佛教兴盛，鉴真要去讲学，官府也不好阻挠。于是，鉴真先后到越州（今浙江绍兴）、杭州、湖州、宣州（今安徽宣城）等地巡回讲学，并避开官府耳目，计划在福州登船远航。不过，因为消息泄露，鉴真的第四次东渡也失败了。

天宝七载（748年），经过数年苦等，鉴真开始了他的第五次出海。从扬州出发后，过舟山群岛，再遇飓风，船只失去方向，最后，鉴真一行人历经14天忍饥挨饿，漂泊到了海南岛。第五次东渡，依然没有达成目的。

佛法有云，大雄无畏，勇猛精进。

鉴真始终坚守他的信念，第六次东渡时，他已是一个疾病缠身、双目失明的老人了。

天宝十二载（753年），随日本遣唐使团来访的藤原清河抵达扬州，为60余岁的鉴真带来了好消息：大使即将归国，邀请鉴真乘遣唐使的船只前往日本。鉴真及其弟子毅然踏上了最后一次东渡之旅。

这一次遣唐使船队也不走运,第一艘船遭遇海难,乘坐这艘船的藤原清河历经九死一生才活了下来,后来留在大唐。所幸鉴真搭乘的第四艘船经过数日颠簸,在日本成功靠岸。

进入奈良时,鉴真受到了日本举国上下的盛大欢迎。

鉴真东渡日本,带去的不只是佛法,更是不可磨灭的盛唐文化。在人生的最后几年,鉴真将平生所学倾囊相授,在日本传授佛学、医药学、建筑、雕塑、书法等技术知识,并仿照扬州大明寺的格局,在奈良修建了著名的唐招提寺。

他与青灯古佛相伴,为中日睦邻友好贡献了毕生精力,被后世尊为"传灯大法师"。

日本晁卿辞帝都

在促成鉴真第六次东渡的日本遣唐使返航船队中,还有一位见证唐朝时期中日友好交往的人物——晁衡。

晁衡原名阿倍仲麻吕,是随日本遣唐使入唐的留学生,后来在唐朝参加科举考试,获得做官资格。当时,唐朝科举有专门为外国学生准备的宾贡科,外国留学生登科及第被称作"宾贡进士"。

晁衡来华时,正逢大唐开元盛世,社会安定、国力昌盛。勤奋好学的晁衡,经过在国子监的多年苦学,考中进士,历仕玄宗、肃宗、代宗三代皇帝,政治生涯长达四五十年,官至秘书监兼卫尉卿,还曾辅佐太子研习学问。

秘书省掌管国家藏书,晁衡的职务相当于国家图书馆馆长。卫尉卿职掌武器库藏、仪仗帷幕供应,可见唐朝皇帝对他的信任。

天宝十二载（753年），晁衡入唐已经度过了30多个年头，年近花甲。晁衡想家了，在唐玄宗的默许下，他以护送使身份随日本遣唐使团启程回国。

此次船队虽然成功载着鉴真东渡日本，却没有抚慰晁衡的思乡之情。天有不测风云，航行过程中，晁衡与藤原清河大使乘坐的第一艘船在波涛汹涌的大海中迷失方向，一路漂泊到了安南（今越南）。

由于消息闭塞，晁衡不可能像现代人一样发个短信报平安，大唐朝野上下以为他早已遇难，为之叹息。

晁衡在唐时，与李白、王维、储光羲等文人大臣结为至交好友，多次互赠诗文。李白听说"晁衡已死"，为之心痛不已，写下一首《哭晁卿衡》：

日本晁卿辞帝都，征帆一片绕蓬壶。
明月不归沉碧海，白云愁色满苍梧。

我那如同明月一般皎洁的友人啊，沉到了碧海深处，愁色惨淡的白云遮满了苍梧山，悼念逝去的晁卿。

实际上，晁衡幸运地活了下来。船只触礁沉没后，同船的一百多人被当地居民杀害，晁衡和藤原清河侥幸逃生，在两年后历经艰辛回到了长安。

从此，晁衡再没有等来归家的信号，彼岸的故乡成了他再也回不去的远方。他将自己毕生在唐朝所学的一切，连同自己余生的精力一起奉献给了大唐，直到大历五年（770年）在长安病逝。

如今，中国西安与日本奈良各建有一座"阿倍仲麻吕纪念碑"，以纪念这位大唐的传奇友人。

"海上王"张保皋

晁衡不是唯一一个在唐为官的海外来客,像他这样在唐求取功名的"老外",还有新罗人张保皋、崔致远等。

新罗,隋唐时期位于朝鲜半岛的政权。7世纪,唐军灭朝鲜半岛的高丽和百济后,唐朝政府在高丽故地设立安东都护府,在百济故地设立熊津都督府,实行羁縻统治,新罗则乘机统一了今大同江以南的朝鲜半岛中南部地区。

《新唐书》记载,新罗王多次派遣唐使前来朝贡,贡品中有金银、牛黄、人参等珍宝,以及朝霞锦、木棉布、金银器皿等工艺品。唐朝为接待新罗的使者和商人,在今山东、江苏沿海各州县设有多处"勾当新罗所",所内还有专门的翻译官。

杜牧的《樊川文集》中,记载了来自新罗的奇人张保皋。

中晚唐时期,藩镇割据尾大不掉。唐宪宗元和二年(807年),镇海节度使李锜在润州(今江苏镇江)起兵作乱,东部沿海陷入战乱。唐朝命镇守徐州的武宁军出兵平叛,新罗人张保皋正好在武宁军中担任小将,他凭借着高超的武艺,在平定李锜叛乱的战争中崭露头角。

张保皋是出身贫贱的"海岛人",早年随着新罗人的贸易船只沿海南下,流落到扬州,后来因为作战勇猛、水性极好而投身武宁军。当时,高丽出身的李正己家族掌管着平卢淄青节度使一职,统辖青、淄等州,这一带有很多高丽、百济和新罗人的后裔,而张保皋选择投奔其中的徐州武宁军。

张保皋随唐军平叛建立功勋后,获得"第一桶金",他辞去军中职位,回到新罗,成为一名海商。有句话说得好:风浪越大,鱼越贵。乘风破浪的张保皋很快在海上建立了自己的贸易集团。

在得到新罗王的许可后,张保皋招募1万岛民组成一支船队,往返于唐、新罗、日本三国之间。为了保持航路畅通,张保皋还扫平了多股海盗势力。

经过多年经营,张保皋商团几乎垄断了唐、新罗、日本三国的海上贸易,是9世纪东亚最大的国际贸易集团。《新唐书·东夷传》给了张保皋很高的评价,认为他不失为一位英雄:"先国家之忧,晋有祁奚,唐有汾阳、保皋,孰谓夷无人哉。"韩国则将他称为"海上王"。

商团的势力一度威胁到新罗王室的统治,张保皋后来卷入新罗贵族的斗争中,新罗王派人趁其醉酒将他杀害。

但是,繁荣的东亚贸易圈并没有遭到破坏,活跃的唐朝明州商人很快取代了张保皋的位置。

晚唐时期,由于造船与航海技术的进步,唐商船队不必再走绕道朝鲜半岛的北路航线,而可以直接走南路,从江浙沿海的扬州、明州、楚州、越州、温州等港口启航,出海后朝东北方向横越东海,直趋日本的值嘉岛,这样不仅可以减少海难的发生,还缩短了航行时间。

山川异域,风月同天

中晚唐时期,来自日本的遣唐使活动逐渐归于沉寂。

有唐一代,自贞观四年(630年)第一次遣唐使入华,到乾宁元年(894年)日本最后一次组织遣唐使的200多年间,日本派出的遣唐使有十几批。日本竭力模仿唐朝,其哲学思想、政治体制、文学艺术、宗教文化、建筑、医学等各方面都有唐朝的影子。

随着唐朝走向覆灭,日本遣唐使的历史也落下帷幕。

乾宁元年(894年),新任遣唐使菅原道真还未出发,就得到在唐学问僧的报告,得知大唐内乱不止,战火频仍,此时入唐可能小命不保。于是,菅原道真上奏天皇,以"大唐凋敝""海陆多阻"为由,建议停止派出遣唐使。

帝国崩溃之际,唐朝也无法迎接来自大海彼岸的客人,从此,再无遣唐使。

当初,日本僧人荣睿和普照到扬州大明寺邀请鉴真出海前,日本的相国长屋王曾命人制造了千件袈裟,布施给唐朝高僧,袈裟上绣着象征友谊的偈语。

据说,鉴真和尚看到袈裟上的偈语后大为感动,称日本是"有缘之国",后来才许下渡海传法的承诺。

东海的潮音吹奏着各国友好往来的回声,这段缘因海而生,也如沧溟无垠。

鉴真的袈裟上,有着这样一句话:"山川异域,风月同天。"

参考文献

[唐]魏徵:《隋书》,中华书局1997年版

[唐]杜牧:《樊川文集》,上海古籍出版社2007年版

[后晋]刘昫等:《旧唐书》,中华书局1975年版

[宋]欧阳修、宋祁等:《新唐书》,中华书局1975年版

(德)罗德里希·普塔克:《海上丝绸之路》,中国友谊出版公司2019年版

(日)气贺泽保规:《绚烂的世界帝国:隋唐时代》,广西师范大学出版社2014年版

2 南海：
中国制造下南洋源自哪个朝代

阿拉伯民间故事集《一千零一夜》中有个让人费解的地方：在这些异域传说中，中国常被描写成一个海岛，且是位于印度以东的众多海岛之一。

阿拉伯人通过海上丝绸之路前往东方开展贸易活动，常将东南亚海岛作为中转站，有时得到满意的商品后便止步于此，于是他们常将当地居民当成中国人。

因此，有学者认为，《一千零一夜》中的"中国"是一个笼统的概念，所指的是当时的中国及东南亚诸国。在阿拉伯人看来，"中国"更像是一种海洋文明。

有文献记载，自汉朝以来，就有中国东南沿海的居民集体迁移到东南亚古国定居，甚至有些古国的主要族群本来就是中国人的后裔。

中国南海沿岸的先民，自古就继承了踏浪而行的文化基因。

南越的割据与归顺

秦末天下大乱，带兵镇守岭南的秦朝官员赵佗割据一方，建立了以番禺（今广东广州）为中心的南越国。

南越国历经五代君王，直到汉武帝即位，汉军五路大军南征，才结束了其长达近百年的封疆历史。

汉武帝平定南越后，在原南越国属地设置了南海、苍梧、合浦、郁林、交趾、九真、日南七郡。汉军渡过海峡到达海南岛后，汉朝又在此设珠崖、儋耳二郡。

此即汉朝的交州九郡，辖区包括今中国广东、广西、海南以及越南的中北部。

汉朝史书在讲述南越国以及在其故地上建立的交州九郡时，更多关注的是其与中央王朝的来往。

比如南越国的灭亡，本身就充满了戏剧性。

南越国的第三任君主赵婴齐为太子时，曾到长安担任侍卫（也是人质）。

在前往长安前，赵婴齐已经娶了一个越女为妻，生有一子。入长安宿卫后，赵婴齐又娶了邯郸樛氏之女，生下次子赵兴。

回到南越国继承王位后，赵婴齐废长立幼，将他在长安迎娶的樛氏女立为王后，次子赵兴立为太子，由此埋下了南越国内乱的种子。

赵兴后来成为南越国的第四任君主，但因年幼，实权掌握在丞相吕嘉手中。

一时间，南越国内出现了两种声音。

樛太后听从远道而来的汉使建议，认为统一是大势所趋，有意归顺汉朝。史书记载，当时汉武帝派来劝降的使臣还是樛太后的旧识。

但是，以吕嘉为首的南越豪族坚决反对降于大汉。

公元前112年，双方矛盾激化。吕嘉领兵入宫，杀死了赵兴、樛太后与汉朝使者，拥立赵婴齐长子为王。

南越国君臣纷争、杀害汉使，给了汉武帝发兵南征的借口。

史书浓墨重彩地描述了地处边陲的南越国向北融入"汉文化圈"的历

程,但这一地区向南开拓的航海历史同样不容忽视。

正如史学家吕思勉所说:"陆梁之地未开,蛮夷贾船,已有来至交、广者矣。"

史料记载,南越国曾向汉朝进贡象牙、犀角、玳瑁、鸟羽、珍珠等贵重礼物,其中有许多物品可能出自南越本土的沿海地带,还有些物品可能来自马来半岛或更远的地方。

番禺,是当时南海贸易的枢纽和商品集散地。

广州南越文王墓出土的波斯银盒、红海乳香、蜻蜓眼式玻璃珠等文物,都属舶来品。当时,除番禺外,南海之滨还出现了其他重要的港口与商业城市,如徐闻(今广东徐闻)、合浦(今广西合浦)、广信(今广西梧州)、布山(今广西贵港)等。

汉武帝平南越后,派出一批商船,载着招募的商人、水手,沿着南越时期民间开辟的"涨海"航线,从南海远航至印度洋沿岸国家、地区。

涨海,即南海的古称。古人在岸上看到南海的潮汐起起落落,感叹海水恒溢,故曰涨海。

这条航线最早见于《汉书·地理志》。

秦汉时期,中国船队从徐闻、合浦、日南(在今越南中部)三地出发,可从北部湾进入马来半岛、孟加拉湾,到达印度半岛南部的黄支国以及已程不国等地,以黄金与丝绸交换珍珠、琉璃、奇石等异域风物。

除了到今印度、斯里兰卡的航线外,汉朝南海的海上交通线还延伸到更多、更远的地区,有到今印度尼西亚爪哇、苏门答腊的,还有向西远至波斯湾的。

魏晋南北朝时期,广州(番禺)已呈现出"舟舶继路、商使交属",海外商船"岁十数至"的繁荣景象。

这些由中国商人、水手开辟的航线,在涨海潮声中,开启了海上丝绸之路的先声。

远航：商贸与文化的交流传播

到了隋唐时期，南海及周边地区的海上通道主要是《新唐书·地理志》记载的广州通海夷道。

这条航线从广州出发，沿着传统的南海航线，穿越马六甲海峡，进入印度洋，到达今斯里兰卡和印度南部。

从印度半岛继续向西北延展的航线有两条：

一是东路航线，进入波斯湾，航行一日，到幼发拉底河河口的巴士拉。在巴士拉换乘轻舟，溯河而上，可到达大食（阿拉伯帝国）的都城巴格达。

二是西路航线，由海路进入大食境内，随后沿着阿拉伯半岛海岸，经红海，也能抵达巴士拉和巴格达。

隋唐广州通海夷道全线途经90多个国家和地区，比汉朝的航线延长了很多，而且由于航海与造船技术的进步，所耗时间只有汉朝的四分之一。

这也是8—9世纪世界上最长的远洋航线。

与此同时，马六甲海峡成为东西方交流航线的不二选择。

在玄奘西行归来20多年后，唐朝和尚义净踏上了求法之路，从广州乘船前往天竺。

当初玄奘取经归来时，沿着陆上丝绸之路，马不停蹄地走了几年才返回长安城。而据义净记载，他在广州乘坐波斯商船，经南海抵达马来半岛最南端的末罗瑜国，再穿过马六甲海峡，途经马来半岛西南侧，最后抵达印度，全程可缩短至3个月。

在穿越马六甲的广州通海夷道上，不仅有来自波斯的商船，还有很多南洋国家的官船。

义净西行求法，前后历时25年，游历30多个国家。在这趟漫长的求学之旅中，他邂逅了早期的华侨群体，自己也成为其中一员。

义净往返途中，两度在苏门答腊岛南部的室利佛逝居住，前后共十余年。有人认为，他是有史可稽的最早的印度尼西亚华侨。

唐朝开放包容，国力强盛，经济、文化影响着当时的世界，直至后世。现在，海外华侨仍自称"唐人"，海外华人、华侨的聚居地则称为"唐人街"。

据元朝汪大渊记载，浡泥（今文莱一带的古国）人尤其"敬爱唐人"，喜爱唐朝的风俗文化。每有旅居浡泥的唐人在街上喝醉，浡泥人就会搀扶他们到自己的住处，好生款待，奉为上宾。

可见大唐的水手到了浡泥国，势必能有一番优厚待遇。

海上生命之路

历经安史之乱后，大唐帝国由盛转衰，陆上丝绸之路受阻，外国通商、朝贡之路进一步转向闽粤海上通道。

1987年，在广东省阳江市南海海域，发现了国内第一处保存完整的沉船遗址。这是一艘南宋的木质古沉船，800多年前，它在海上丝绸之路上运送销往海外的瓷器时失事，从此沉没海底。考古学者将其命名为"南海I号"。

2007年，"南海I号"被打捞上岸。这艘运送瓷器的古船，共出土18万余件文物精品，其中有大量来自泉州的商品，包括德化窑出产的瓷器、安溪青阳的铁器。

宋元时期，东南沿海的另一座港口——泉州，强势崛起。

在中国东南的黄金海岸线上，广东的珠江口正对着南海，南亚、西亚的商船穿过马六甲海峡纷至沓来，而福建依山傍海、地少人多，沿海居民敢闯敢拼。

据《宋会要辑稿》记载，宋朝福建"漳、泉、福、兴化（今福建莆田），凡滨海之民所造舟船，乃自备财力，兴贩牟利而已"，无论是豪商巨贾，还是平民百姓，纷纷造船下海经商。

自元祐二年（1087年），北宋在泉州设置市舶司（主管中外商船出入境签证、货物检验、税收等）起，泉州逐渐跃居"东方第一大港"。

到南宋高宗在位时，泉州所交税金相当于当时全国收入的十分之一，取代广州成为宋元时期中国对外贸易的中心。

历史学者郑学檬认为，对中国影响深远的占城稻引入中原，正是和福建人通过南海长期往返占城（在今越南中南部）、安南有关。

占城位于中南半岛东南部，盛产高产耐旱的优质稻种。北宋初年，人多粮少，随着社会经济发展，人口迅速增长，粮荒危机迫近。若逢洪涝、旱灾，民间粮食更加匮乏。

正是在这个紧要关头，占城稻通过南海航线传到福建。

当时的闽商，尤其是泉州商人有通过南海开展贸易的传统，经常举村、举家移居，偶然间发现了占城稻"不择地而生"的优势，于是把种子带回家乡，并广泛种植，终得岁岁足食。

占城稻通过从南洋回来的商人在福建迅速推广开来。宋真宗得知占城稻种的优点后，不仅引导民众种植，还在皇宫后苑亲自耕种，命近臣一同观察稻谷的长势，等到秋收后一起品尝新稻米做成的饭。

《宋史》记载，"帝（宋真宗）以江、淮、两浙稍旱即水田不登，遣使就福建取占城稻三万斛，分给三路为种，择民田高仰者莳之"。宋真宗大中祥符（1008—1016年）年间，占城稻从福建推广至江淮、两浙等路，带来了一场"粮食革命"。

东南沿海居民也如生命力顽强的稻谷一般，随风飘向南海，洒落在彼岸的土地上。

下南洋

在南海航线上开展的活动除了物种交换外,还有人口迁移。

两宋时期,大批华人出海经商、谋生,许多人从此常居海外,在当地娶妻生子,繁衍后代。

根据宋朝市舶司提举林之奇的记载,当时三佛齐(印度尼西亚苏门答腊地区的古国名)的海商中,生于泉州的巨富就有数十户。比如有一位名叫朱舫的泉州海商,因获利百倍,被推举为"纲首",代表官方管理海上事务。每次出海,朱舫都会到莆田县的祥应庙请香火,请求神明保佑他们舟行神速,没有艰阻,这种信仰深深地影响着东南沿海居民。

还有史料记载,暹罗(今泰国)派使臣到中国,与宋朝建立友好关系,并慕名招徕中国工匠访暹,晋江磁灶的吴氏家族曾有多人"泛海传艺"。

此外,东南亚的学者曾在文莱发现一座宋朝的墓碑,上书"宋泉州判院蒲公之墓"。这名来自泉州的蒲姓官员,不仅远航至东南亚访问,最后还葬在此地,并修建了一座大型的墓地。有学者根据墓主的姓氏,推测他是一个汉化的阿拉伯人。

宋承唐制,敞开国门,在鼓励出海的同时,也欢迎外邦人士居留,并在广州、泉州等主要港口城市划立专门的蕃坊,供其居住,于是常有蕃商带妻儿来华定居。

《桯史》记载,占城蕃商来华移民中的佼佼者当数蒲氏,他们被称为"白番人"。

蒲氏一族最负盛名的人是蒲寿庚,他担任过泉州市舶司提举,亦官亦商,富甲一方。史载,蒲寿庚的祖先本是侨居占城的阿拉伯人,他们到中国做生意,却在返程途中遇到恶劣天气,海浪滔天,不敢出海,于是请求留在中国,先定居广州,后迁至泉州。

在宋室衰微时,蒲寿庚却见利忘义。南宋灭亡前夕,张世杰等拥立小皇帝赵昰，一路败退至泉州，想以泉州为国都，东山再起。蒲寿庚对张世杰献船尽忠的要求闭门拒命，甚至表示已经上表降元，不再听从宋朝号令。

南海航船的繁华之梦，最终化作一曲悲伤的挽歌。

在珠江奔流入海的崖山，宋室君臣最终没逃过覆灭的悲剧命运。

千帆竞越，天下一港

唐宋之后，中国船只从南海出发，驶过印度洋后，甚至可到非洲东海岸。

元朝至元二十八年（1291年），一艘帆船从当时的国际港口泉州驶出，开始远航，南下爪哇后，它将渡过印度洋，前往西亚。

船上载着远嫁伊利汗国的阔阔真公主，以及护送其出嫁的三名专使。此外，还有来自意大利的旅行者马可·波罗，他要乘坐这趟航船返乡，结束在中国长达17年的生活。

泉州港也称"刺桐港"。相传，五代十国时有位节度使为了扩建泉州城郭，在城外开辟干道增设货栈，在城内种满了刺桐树，每到花开时，满城红红火火，风光如画。马可·波罗后来回忆说："刺桐是世界上最大的港口之一。大批商人云集这里，货物堆积如山，的确难以想象。"

马可·波罗不但在这里目睹了刺桐花开的盛景，还见证了中国的陶瓷、丝绸运销至世界各地的繁荣局面。多年后，他的回忆录《马可·波罗游记》在欧洲成为畅销书，书中对中国的描写，使西方人相信遥远的东方是一个财富取之不尽的聚宝盆。

在马可·波罗最后一次望向泉州港的三四十年后，南昌人汪大渊来到泉州，乘坐商船出海远航。

民间航海家汪大渊，年方弱冠便致力于扬帆远航，考察各地风情。

自20岁起，汪大渊两次从泉州港出航，历经南洋群岛、阿拉伯海、波斯湾、红海、地中海、非洲的莫桑比克海峡等地，前后漂泊十余年，回国后将旅途中的见闻着手编写成《岛夷志》，后节录为《岛夷志略》。

在书中，汪大渊记录了海外华人的生活情况、各地居民的风俗习惯、中国商品的外销路线以及沿途诸国的山川形势等。

该书尤为可贵的是，汪大渊凭借当时所掌握的知识，将南海诸岛的地貌系统命名为"万里石塘"。

汪大渊论述道，南海群岛是由潮州南部海域发出的三条地脉组成，这三条地脉向西南延伸，分三支至南海诸岛，从而将东沙、西沙、中沙、南沙群岛连成一体，号称"万里石塘"。这种说法，实际上概括了南海海盆地貌的形态，有着先进的科学价值。

《岛夷志略》中除了涉及亚、非诸国的内容外，还有两节疑似澳大利亚的见闻。长久以来，史学界认为，澳大利亚的发现是在新航路开辟之后。目前，西方学术界尚未认可汪大渊比西方人约早200年发现澳大利亚的说法，但汪大渊凭借对世界历史地理的贡献，被西方称为"东方的马可·波罗"。

有时候，个体的力量不容小觑。

明朝时，随郑和下西洋的马欢（著有《瀛涯胜览》），在游历西洋诸国后表示，他跟随船队历涉诸邦后，对其天时、气候、地理、人物，亲眼见证，亲身体验，才知道汪大渊的著作不是在胡说八道。

西洋上的战与和

明永乐五年（1407年），郑和第一次下西洋带着大批宝物返航时，碰到了一个麻烦的对手。

当时，马六甲海峡的旧港（今印度尼西亚巨港）被一伙海盗盘踞，为首者名叫陈祖义，祖籍广东潮州。

陈祖义极盛时期，集结海盗上万人，坐拥战船近百艘。明太祖朱元璋曾悬赏50万两白银捉拿陈祖义，但他依然肆无忌惮地称霸一方。

郑和的船队途经马六甲海峡时，也被陈祖义当作劫掠的目标。

但这一次，"海贼王"不太走运。

当地有个叫施进卿的华侨，是广东人。他得知消息后，偷偷地将陈祖义的计划透露给了郑和。

郑和便施巧计，在海风大作、乌云翻滚的夜里驶过陈祖义的地盘，同时熄灭船上灯火，让士兵埋伏起来。陈祖义以为郑和与船员们已经睡下，便划小船驶向郑和所在的宝船。

等到海盗们接近，郑和一声令下，发动突袭，霎时间火铳齐发、箭如雨下，当场杀死海盗5000多人。纵横南海多年的陈祖义被逮捕，押回朝廷，斩首示众。

之后，明成祖朱棣诏封此前协助郑和的施进卿为"旧港宣慰使"。

这是郑和七下西洋的插曲，却有着深刻的历史背景。

从国家历史的视角来看，郑和下西洋无疑是一次伟大的航海行动，那时，欧洲人尚未开始探索通往亚洲的新航路，西欧的势力也还未延伸到太平洋，东亚与西亚之间的各条航线掌握在亚洲人手中。

浡泥国的国王在见识了郑和壮观的船队后，恭谨地接受明成祖的敕封，并带着妻儿、大臣等100多人，乘坐远洋大船，经南海抵达福建，请求到南京朝见，并奉上犀角、龙脑等特产。

浡泥王对朱棣说，中国圣人的德行教化在浡泥广受尊崇与推广。

朱棣大悦，当即大举赏赐浡泥王及其家人。或许是因为舟车劳顿、水土不服，浡泥王竟在抵达南京一个月后就病逝了，他临终时留下遗言，请求将其遗体安葬在大明。

朱棣尊重浡泥王的遗愿，将其厚葬在今南京安德门外石子岗乌龟山，树碑立祠。

浡泥王对大明的崇拜,可以说是郑和下西洋时期明朝在海外建立威信、联络南海周边国家的积极成果。

但从另一个角度来看,郑和的航行难以称得上是一场冒险。郑和船队沿着一条确定的航线沿途宣扬国威(可能还有寻找建文帝的下落等原因),而非开辟新航路。

真正的探险者,是千百年来从南海扬帆而来的闽粤先民。早在郑和的船队到达这片海域之前,这里已经是他们往来不息的伟大航道。

明末清初,众多势力庞大的海商、海盗集团纵横海上。以郑芝龙为首的"十八芝",在吞并李旦、颜思齐、刘香等集团后发展壮大,独揽东南海域贸易大权。

郑芝龙集团鼎盛时期,以福建安海(今福建晋江西南部)为大本营,拥兵数万,船700艘,"城外市镇繁华,贸易丛集,不亚于省城"。

郑芝龙的船队闻名海内外。荷兰人曾统计,当时每年自中国输出的丝织品及其他价值黄金45吨以上的货品,其中三分之二为郑芝龙及其盟党所有。

在地理上,福建以东的台湾海峡把守着东海与南海之间的过渡空间。后来,正是郑芝龙之子郑成功出兵横渡台湾海峡,驱逐荷兰军队,收复台湾。

到来,选择

明天启六年(1626年),在今菲律宾的巴丹半岛,一名天主教神父将中国船只的到来当作每日的祈祷内容。

每当满载粮食的中国商船从南海驶入马尼拉时,总是能缓解当地饥荒,拯救大批饥民。因此,这名神父将这些中国船只称为"上帝的恩赐"。

在东南亚,中国长期在商品、航运技术等方面占据优势,也是这片海域繁荣发展的维护者。当欧洲人初次到达菲律宾时,甚至误以为菲律宾是中国的一个省。

从16世纪开始，野心勃勃的西方人打着"贸易自由"的旗号闯入这片文化交融的海域，凭借载有坚枪利炮的战船在南海周边掠夺资源、攻城略地，打开马六甲的大门，开启殖民时代。

但欧洲人很快就发现，这里到处都是中国人的产业，遵循的是中国人的规则与观念。于是，伴随着殖民统治，他们展开了一场"去中国化"的运动。

隆庆五年（1571年），西班牙人侵占吕宋，杀吕宋国王，之后对当地华侨发起6次大规模屠杀。

在恐怖的殖民统治下，受压迫的南洋华侨奋起反抗。

明朝万历（1573—1619年）年间，西班牙驻菲律宾总督为攻打其他国家，强征吕宋的250名青壮年华侨工人为军人，并且以福建晋江人潘和五为哨官。

在战舰远航时，西班牙殖民者命令侨工划桨驾船，日夜兼程，不可歇息。船员稍微停下来喘气，就会遭受鞭笞。

潘和五等人不堪受辱，伺机起事，在一天夜里溜进了总督所在的船舱，将其杀死。随后潘和五高举总督的首级，吓得西班牙士兵惊恐不已，不敢近身。潘和五和其他侨工抢过船只逃生，一路流亡至交趾（今越南）。

当时，无论是在中国南海，还是东南亚海域，都飘荡着西方殖民者贪婪的身影。

西班牙、葡萄牙、荷兰与英国等国先后在此建立殖民统治，打破原有的商业秩序。

1740年，爪哇的华人为了反抗荷兰人的殖民统治，联合当地人攻打荷兰人的据点，却在巴达维亚（今雅加达）遭遇苦战，以失败告终。

荷兰殖民者为了报复反抗的华人，下令杀死巴达维亚所有被捕的华人，炮击华人聚居区，洗劫华人商铺，近万华侨遇难。史料记载，这场屠杀过后，巴达维亚的河流都被染成了红色，其中一条名为"红溪河"，故这一历史事件被称作"红溪惨案"。

天涯共此时

明清政府对殖民者屠杀华侨一事鞭长莫及，而他们对海外华侨的长期漠视，使得南洋华侨在面对殖民者时孤立无援。

直到清朝前期，朝廷对南洋华侨仍持一种负面的态度。按照传统观念，海外移民属于"数典忘祖""自弃化外"，因而统治者长期以来任其自生自灭。

他们是中国海洋文化的开辟者，却一度被国家遗忘。

这与当时的政治背景也有关系——海外有许多明朝遗民的聚居地。

清朝出于政治安全考虑，曾厉行"海禁"，杜绝华人出洋，同时限制出海的华人归国，规定"已在番地娶番妇，生有子女，与夷人结有姻娅，并庐墓田业，情甘异域者，照例安插彼地为民，永不许其进口"。

1740年红溪惨案的消息传到国内，乾隆帝闻讯后竟然指责受害华侨："天朝之弃民，不惜背弃祖宗庐墓，出洋谋利，朝廷概不闻问。"这也代表着清廷对东南亚发生的剧变听之任之。

华人下南洋的历史由来已久。

清朝徐继畬对此有过一段描述："明初……闽、广之民，造舟涉海，趋之若鹜，或竟有买田娶妻，留下不归者。如吕宋、噶罗巴诸岛，闽、广流寓殆不下数十万人。"

许多南洋华侨虽有落叶归根的心愿，但更多时候还是"落地生根"，在东南亚诸国定居下来，形成实力雄厚的移民族群。

南洋华侨以闽粤人为主。为了在海外异域安身立命，他们组成各种帮会以抱团取暖，而这些帮会与地缘、方言、宗族息息相关。

到晚清时期，南洋华人主要分为五大帮派：说闽南语的福建帮，祖籍多为泉州、漳州等地；说粤语的广府派，祖籍主要在珠江三角洲；同属闽南语系的潮汕帮，多来自今潮汕三市一带；说客家语的客家帮，由三系组成，即嘉应五属，惠州十县，福建与粤东丰顺、大埔；从海南岛南下的琼帮。

这些移民在南洋建立会馆，发挥各自优势，占据了南海及其周边的造船、航运、茶叶、木材、绸缎、橡胶、蔗糖等行业的大量市场。

随着清末中国半殖民地化程度加深，清王朝所面临的主要威胁转为来自西方列强的侵略。

清廷这才想起南洋华侨也是"大清子民"。于是，为了团结海外华人，朝廷对待华侨的态度也从消极漠视转向积极拉拢，并颁布《大清国籍条例》。

其第一条规定："凡左列人等，不论是否生于中国地方均属中国国籍：生而父为中国人者；生于父死后而父死时为中国人者；母为中国人而父无可考或无国籍者。"

亡羊补牢，犹未迟也。

近代以来，南洋华侨或带回大量财产，或归国参与建设，在民族危难之际不忘家国，为国为民立下诸多功勋。

"涨海潮生阴火灭，苍梧风暖瘴云开。"

到如今，从南海扬帆远航的中国人，仍在南洋书写传奇。

参考文献

[汉]班固：《汉书》，中华书局1962年版

[宋]欧阳修、宋祁等：《新唐书》，中华书局1975年版

[元]脱脱：《宋史》，中华书局1985年版

陈佳荣、谢方、陆峻岭：《古代南海地名汇释》，中华书局1986年版

（美）孔飞力：《他者中的华人：中国近现代移民史》，江苏人民出版社2016年版

西汉南越王博物馆：《南越王墓与海上丝绸之路》，广东人民出版社2017年版

（德）罗德里希·普塔克：《海上丝绸之路》，中国友谊出版公司2019年版

刘志伟：《广州三重奏：认识中国"南方"的一个视角》，知识分子论丛，2018（01）

第四章 「消失」的地理概念

1 古山东：今天的山东和古山东有什么不一样

中国有个成语叫"秦晋之好"，说的是春秋时期，秦、晋这两个相邻的诸侯国世代联姻。

秦穆公在位时，秦国开地千里、称霸西戎，他成为诸侯眼中的金龟婿，娶了晋献公的女儿为妻。当晋国公子重耳（即晋文公）流亡到秦国时，秦穆公又将自己的女儿文嬴嫁给了重耳，日后名列"春秋五霸"的晋文公也就成了秦国的女婿。

晋文公去世后，秦、晋两国因为战略利益上的冲突迅速反目成仇，"秦晋之好"的局面被打破，便有了崤之战的交锋，秦国战败后暂时失去了东出争霸的资本。

作为三秦大地与三晋大地的天然界线，崤山、函谷关一带（今河南三门峡附近）是先秦时期划分中国东西地理区域的重要分界线。

当时，"山东"指的是崤山、函谷关以东的区域，与现在太行山以东的"山东省"相去甚远。

在秦人眼中，崤山、函谷关是秦国与东方诸国的分界，也是他们东出称霸的战略要地。后来的战国七雄中，除秦国以外，韩、赵、魏、楚、燕、齐六国，都在崤函以东，故有"山东六国"之称。

秦灭六国的过程，实际上也是秦人东出崤函、统一山东的过程。

第四章 "消失"的地理概念　　117

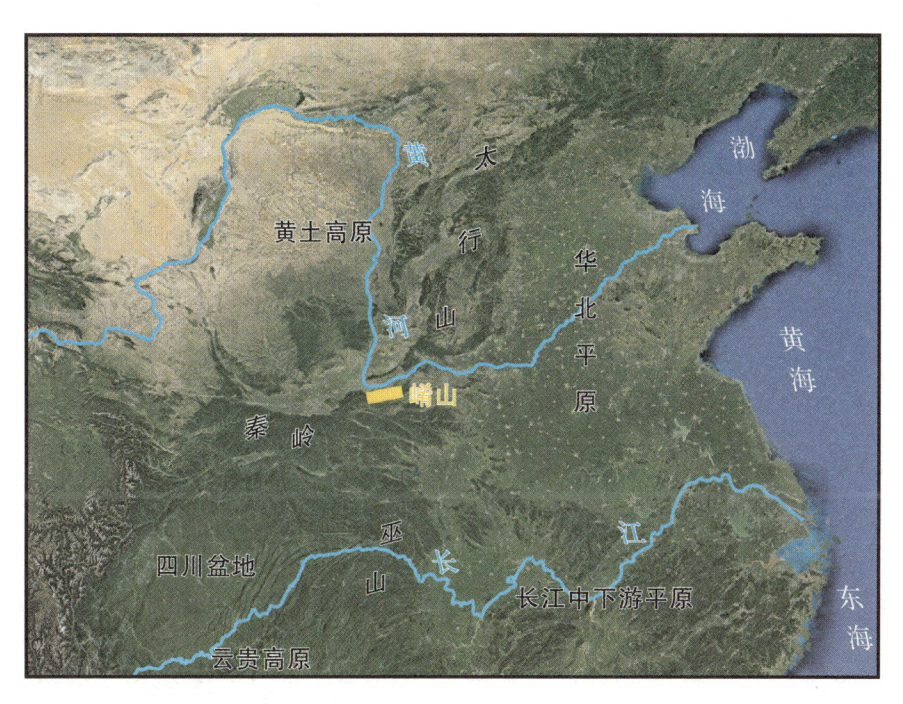

图4.1　崤山所在位置

崤山道，函谷关

崤函古道穿行于崤山之中，划分东西，号称天险。

这条古道的开辟，与周朝的兴起息息相关。

商朝后期，周人崛起于关中平原，经过历代经营，东出崤山，攻灭殷商，分封诸侯，以藩屏周。即便如此，偏居西方的周天子还是很没有安全感。

《逸周书》记载，周武王伐纣后经常失眠。近臣将此事告诉了周武王的弟弟周公旦。周公旦来到周武王面前，说："这样长久下去是会生病的，您为何不睡觉？"

周武王回答道:"我未定天保,何寝能欲?"意思是:我还没有确定上天的庇护,怎能睡得着呢?

因此,周武王决定在接近殷商故地的河洛地区建立新都洛邑,作为巩固统治的盛举。

周武王克商后不久病逝,营建洛邑的重任交给了周公旦。在他的辅佐下,周朝建立了两京制,新建的东都洛邑称为"成周",旧都丰京和镐京并称为"宗周"。

千里王畿之内,天下之中的河洛与表里山河的关中相互依存,而连通东西两京的王畿通道,在文献中被称为"周道"。

当时,横亘在关中与河洛之间,连接镐京与洛邑的"周道"有3条主要的陆路干线:一是晋南豫北通道,由今陕西大荔渡过黄河,沿中条山北麓东行,到河南济源,南下孟津,到新安县境内,东去洛阳;二是崤函古道;三是自关中西南沿丹水,过商洛,出武关,再沿弘农河向北,到达灵宝,之后与崤函古道重合。

其中,崤函古道是连接东西两京的通道中最为险要崎岖的一段,在里程上占两京道路的二分之一,如同"襟带两京"的锁钥。在古代,无论是称雄关中还是入主中原,历代王朝大都以"崤函之固"为交通要冲。

崤山,又称嵚崟(qīnyín)山、肴山,是秦岭山脉东段余脉,大致在今三门峡灵宝市南部、洛阳洛宁县西北,隔黄河与今山西的中条山相望,构成一道岩石峡谷,分为东崤、西崤。

晋人戴延之在《西征记》中如此描绘崤山之艰难:

"崤山上不得鸣鼓角,鸣则风雨总至。自东崤至西崤三十里,东崤长坂数里,峻阜绝涧,车不得方轨。西崤全是石坂十二里,险绝不异东崤。"

由于地形,崤山峡谷中存在很多天然形成的隘口。

在这段险道之间,古人建起了一座千古闻名的雄关,即函谷关,与崤山并称"崤函"。

函谷关因拘于山谷中，深险如函而得名。它是崤函古道上的标志性建筑，也是古代文献中频繁记录的重要对象，如春秋时期的老子出关、描写秦末起义的"戍卒叫，函谷举"，都是以函谷关为划分东西的标志，乃至此后的安史之乱、黄巢起义、李自成起义等历史事件，也都以函谷关为兵家必争之地。

先秦时期还有另一个出函谷关的故事。

战国四公子之一的孟尝君曾经入秦。秦王知道孟尝君礼贤下士，颇具人望，是个不可多得的人才，如果放他回去，无异于放虎归山，便将他扣留起来，并严令函谷关关令绝对不能放孟尝君出关。

孟尝君养了许多门客，这些门客中，有的满腹经纶，有的孔武有力，偏偏有两个游手好闲的人，一个擅长学狗叫，一个会学公鸡打鸣。

当孟尝君在秦国身陷囹圄时，那个擅长学狗叫的门客披上一身狗皮，深夜潜入宫中，遇到守卫就发出犬吠声，引开他们的注意，成功盗出了稀世珍宝白狐裘，献给了秦王的宠姬，让她在秦王面前替孟尝君说好话，才得以东归。

到了函谷关前，孟尝君一行人发现时辰尚早，紧闭的关门要等鸡鸣时才开。他们生怕秦王反悔，于是，那个会学鸡鸣的门客藏在人群中学起公鸡打鸣，惟妙惟肖的叫声引得关城上的公鸡也跟着叫起来。守关的人听到群鸡报晓，二话不说就打开了关门。

如此一来，孟尝君有惊无险地通过了函谷关，逃离秦国。这也是"鸡鸣狗盗"故事的由来。

假途灭虢

随着周朝东西两京的建立，崤函古道有了划分东西的概念。

西周时，辅佐周天子的周、召二公"分陕而治"，以崤函一带的陕（即今河南陕州）为自然分界，陕州以西以关中为中心，是周人的故地，而陕州以东是周人新拓展的领土。"自陕而东者，周公主之。自陕而西者，召公主之。"

这是"陕西"的由来，也是后来东周秦汉时期以崤函划分山东、山西的滥觞。由于地理的隔阂，崤山东西的民情、风俗、方言等以崤山为界，各具特色。

唐玄宗李隆基有诗言："山川入虞虢，风俗限西东。"引用的正是崤函古道划分东西的典故，其中虞、虢两国均位于崤函一带。

西周时，周王在崤函黄河两岸分封了一批诸侯国。黄河南岸有虢国（后来迁到今河南三门峡境内），北岸有虞国（今山西平陆北），以此把守崤函古道的险关隘道，作为西周王畿的屏障。

后来，周天子东迁，开启了礼崩乐坏、诸侯争霸的时代。

公元前658年，晋献公打起了崤函之地的主意。

晋献公想要吞并虢国，打通向中原发展的通道。但想从晋国的领土出兵攻打虢国，必须经过虞国的地界。

在晋国大夫荀息的建议下，晋献公采用了"假途灭虢"的计策。他先派人到虞国，献上名马、美玉等宝物，说想借用虞国的道路去攻打虢国。

虞国国君身边有个忠臣叫宫之奇，他一眼就看出晋国人居心叵测，便请求国君不要接受晋国的贿赂，以免落入唇亡齿寒的陷阱。

虞国国君却不听劝阻，不仅答应了晋国的要求，还表示愿意发兵充当先头部队去攻打虢国。

在虞国盲目之举的帮助下，晋国大军得以兵临城下，攻灭虢国。回师时，晋军驻军于虞国，又以迅雷不及掩耳之势灭了虞国。

此战后，晋国基本控制了崤函古道的东西两侧。

所谓"假途灭虢"，其实就是晋国为了扼制当时的山东、山西通道而发

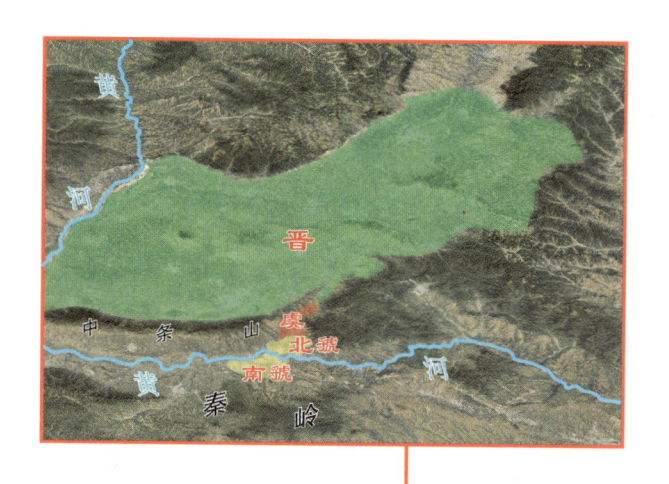

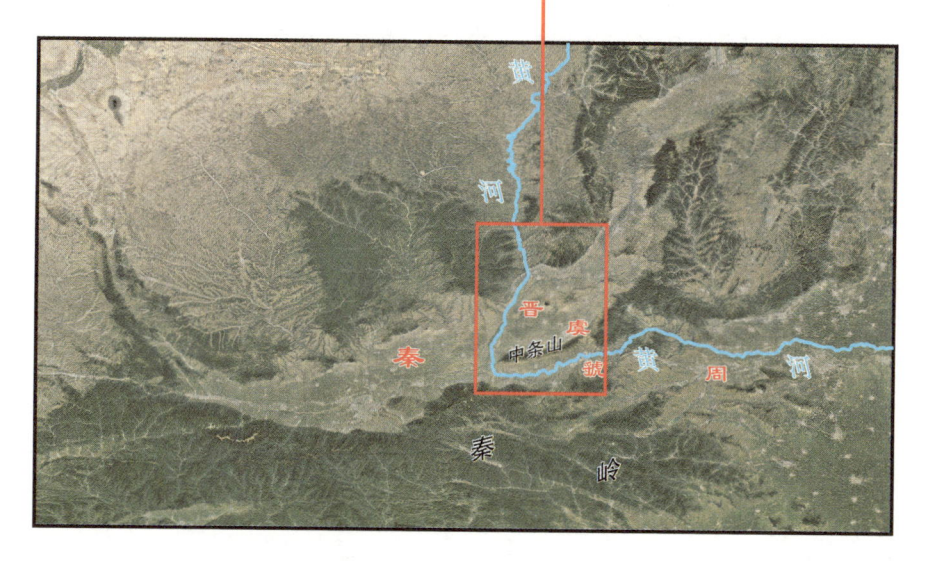

图 4.2 "假途灭虢"示意图

起的战争。

此后，崤函古道之间，西起桃林塞，东至河南渑池的数百里通道，长时间为晋国属地，秦、晋两国为争夺这一战略要地多次发生冲突。

东出梦碎，韬光养晦

公元前627年，晋文公去世后不久，秦、晋两国爆发了一场大战，由于交战地点位于崤山，故史称"崤函之战"或"崤之战"。

战前，年迈的秦穆公不顾大臣蹇叔反对，一意孤行地挥师东进，越过晋国国境偷袭郑国（今河南新郑），将东出图霸的野心展露无遗。后秦军知道郑国有防备，便灭了晋国边境上的小城滑国（今河南偃师）后还师。

新继位的晋襄公急忙召集众臣讨论。

晋国众臣分为亲秦和反秦两派。亲秦派认为，秦国是晋国的故交，应该放秦军过去。

反秦派以晋国名将先轸为首。他认为，晋文公刚去世，晋国正处于国丧期间，秦人就伐其同姓之国（滑国与晋国同为姬姓国），实在是不仁不义，且一日纵敌，将成数世之患，应该等秦军班师回国时，设伏痛击他们。

于是，晋襄公派先轸在秦军必经之路的崤山、函谷关一带设下埋伏。

秦军行军至崤山的险要地段时，惨遭晋国大军伏击，死伤惨重，孟明视等三员秦军大将都被俘虏。

先轸等人原本劝说晋襄公杀掉战俘。但晋国太后文嬴是秦穆公的女儿，她力劝晋襄公将孟明视等三人送还秦国，以免让秦晋两国本就不和的关系雪上加霜。

晋襄公听从文嬴之言，放孟明视等人回秦。秦穆公穿着素服，亲自出城迎接秦军将领，并诚恳地做了自我批评："我不听蹇叔的话，让你们受苦了，这都是我的罪过啊！"

这场战役的失败，成为秦晋争霸的决定性事件，也给秦人的东出霸业蒙上了一层阴影。

此后，秦晋多次发生大战，秦国胜少负多，在麻隧之战中更是全军覆没，遂使秦军"数世不振"。

历史与地理交织，为秦人划下了一道看似牢不可破的天命线。

崤之战后，秦人被崤函古道封锁于关中平原，东进中原的道路被晋国牢牢扼守，秦国只能向西发展，继续开垦荒凉的西北黄土。

直到200多年后，秦国变法图强，崤山、函谷关以东的广袤土地才再度听闻虎狼之师的嘶吼声。

图4.3 春秋时期，秦晋两国对崤函展开争夺

战国时代：混乱、分裂、对峙

当秦国被"崤函之固"封锁于关中平原时，山东的形势发生了惊天变化。曾经长期扼制秦国东进的晋国"解体"了。

春秋后期，晋国出现了"六卿专权"的局面，韩、赵、魏、智、范、中行六个大族在晋国内部互相倾轧，争斗到后来只剩下韩、赵、魏、智四家，其中智伯年龄最长，势力最为强大。

此时，晋国国君已经名存实亡。智伯把持晋国朝政后，野心勃勃，不断向韩、赵、魏三家强征土地。韩、魏两家比较忍让，因惧怕智伯的权势，一经要求便隐忍屈服，割让了万户之邑。

赵家的赵襄子却铁骨铮铮，他决意殊死抵抗智伯。面对智伯与韩、魏的围攻，赵襄子退守晋阳（今山西太原），宁死不屈，并暗中联合韩、魏两家反攻智伯。

韩、魏两家被赵襄子说动，同意与赵氏联手，决堤反灌智军。智伯措手不及，所部溃不成军，很快就被韩、赵、魏三家攻灭，之后智伯被杀，智氏的领地被韩、赵、魏三家瓜分。

赵襄子对智伯恨之入骨，将其头颅斩下，用头盖骨制成饮酒器。智伯被灭后，三家分晋已成定局，晋国国君只剩下两座小城，有时反而要向韩、赵、魏三家朝贡。

公元前403年，周王室不得不承认韩、赵、魏三家为诸侯，三家分晋也就"合法"了。

另一个类似的变革发生于齐国。

齐国的新兴地主阶级田氏取代了原本的姜氏为齐国国君，史称"田氏代齐"。公元前391年，姜齐的末代国君齐康公被田和驱逐到海岛。公元前386年，早已失去权势的东周王室承认齐国田氏为诸侯。

齐国的国号不变，但统治者已经换成了另一个家族。

与此同时，天下大势悄然发生转变。

春秋时期的诸侯争霸，总体上是由统一走向分裂的战争，你不服我，我也不服你，于是互相攻伐，以求霸主之位。

到了战国时期，列国纷争却变为由分裂走向统一的战争，大国不断蚕食小国，最终由秦国完成了统一天下的使命。

战国七雄中，齐、楚、燕、韩、赵、魏六国皆在崤函以东，所谓"河山以东强国六"，只有秦国在崤函以西。

如果以东西对抗的格局来看，秦国完全处于劣势，山东六国一旦"合纵抗秦"，便有可能再度将秦国封锁在崤函以西的关中平原内，即便秦军勇猛难挡，也难以施展拳脚。

从地理上看，山东六国占据资源富饶的华北平原、长江中下游平原等地区，坐拥取之不尽的物资与庞大的人口。

按照纵横家苏秦的说法，山东六国的土地加起来"五倍于秦"，兵力加起来"十倍于秦"。然而，山东六国矛盾重重，内部争斗此消彼长，常常斗得你死我活。

战国三大战役中的桂陵之战、马陵之战，就是齐、魏两国的拼杀。

经过两次大战，率先变法图强的魏国，最终被齐国攻打至屈服。魏国的盛极而衰，也使秦国少了一道伫立在东的屏障，从此秦军开始大举东进。

战国七雄中，原本势力最弱的燕国与齐国之间也爆发过一次生死之战。先是齐国乘燕国内乱，几欲吞并燕国。

燕昭王即位后，筑黄金台求贤，吸引四方才俊，国力得以复苏，后联合其他几国，大举讨伐齐国。在这场复仇之战中，齐国被打得只剩下即墨和莒两座大城，即便后来得以复国，国力也大不如前。

燕国是个年代久远、实力雄厚的诸侯国，在秦灭六国之战前，燕国国祚已有800多年，而且与秦国较少发生矛盾。秦、燕之间最大的冲突，还是燕国灭亡前夕，燕太子丹派刺客荆轲前去刺杀秦王嬴政。

秦燕较少发生矛盾的一个原因，是强大的赵国挡在了燕国与秦国之间。战国时期，赵武灵王兴胡服骑射，赵国兵力日渐强盛，与秦国发生的五次战争中，胜了三次。

但其中一次惨痛的失败，使赵国再也无力抵御秦国的东进，那就是公元前260年的长平之战。这一战，40多万赵军全军覆没，参战士卒几乎被秦军尽数坑杀。

在山东六国尔虞我诈的恩怨情仇中，秦国也不忘火上浇油。

秦惠文王在位时，纵横家张仪对山东最强的齐、楚两国采取了分化计策。

当时，齐、楚两国交好，对秦国东出极为不利。张仪为瓦解齐楚联盟，主动请缨，出使楚国，对楚怀王说，秦国早就仰慕楚国，如果楚国愿意与齐国毁约闭关，断绝往来，秦国将向楚王献地600里，再送秦国美人为姬妾。

张仪是战国时期有名的外交家，游说之下无人可挡。楚怀王一听入地之利，欣然接受。

楚国大臣陈轸看出其中有诈，对楚怀王说，这600里地楚国肯定得不到，秦国真正的意图是拆散齐楚联盟，但此时的楚怀王什么话也听不进去。

在张仪的哄骗下，齐、楚两个大国反目成仇。后来，楚国不仅没有得到这600里地，反而向秦国割让了一大片土地，而楚怀王竟然在会盟之约中被扣押在秦国，遭到软禁，几番挣扎出逃，直到去世也未能返楚。

后世在回顾这段历史时，往往既会找寻秦国成功的因素，也会分析山东六国失败的原因。

正如宋朝苏洵在《六国论》中说的："六国破灭，非兵不利，战不善，弊在赂秦。赂秦而力亏，破灭之道也。"苏洵认为六国在政治上趋于保守，因循守旧，不能坚定地联合抗秦，而是一味讨好秦国，不思进取，这就是他们破灭的原因。

在山东六国的混乱局面之中，秦国长期对崤函以东的万里河山虎视眈眈，之后终于踏出了东出的步伐。

六王毕，四海一

汉朝贾谊在《过秦论》中写道："（始皇）奋六世之余烈，振长策而御宇内，吞二周而亡诸侯，履至尊而制六合，执敲扑而鞭笞天下。"

在秦始皇嬴政之前，六代秦王依次是秦孝公（在位24年）、秦惠文王（在位27年）、秦武王（在位4年）、秦昭襄王（在位56年）、秦孝文王（在位1年），以及秦始皇的父亲秦庄襄王（在位3年）。他们变法图强，连年东征，奠定了秦国扫灭山东六国的基础。

秦国统一天下的目标，最早由秦孝公确立。他在位时重用商鞅，在秦国推行变法，重农、重战、重法、重刑，实行军功爵制，实现了秦人的富国强兵。

原本由魏国控制的崤函之险，逐渐落入秦国手中，三晋从此再也无力阻止秦国向东的扩张。

到秦孝公之子秦惠文王在位时，他虽然为了秦国宗室的利益处死商鞅，但没有因私废法，而是延续商鞅的改革。秦惠文王在谋略上文武兼备，他一边重用张仪，采取"连横"之策分化山东六国，挑动六国生死相斗；一边同各国交战，争夺山河之险。在夺取易守难攻的函谷关，以及"不啻走太行间"的崤山道后，秦国据险而东击。

公元前318年，与张仪齐名的纵横家公孙衍发动魏、赵、韩、燕、楚五国共同攻秦，但五国都计较私利，到了函谷关前互相观望，谁也不想与秦军正面交锋。

结果，五国联军抗秦失败，秦军从此牢牢控制了崤函之固，并且北灭义渠，南并巴蜀，吞并了山西的广阔土地，在疆域上可与山东六国一较高下。

秦惠文王的儿子秦昭襄王是战国时期秦国在位时间最长的君王，他在位时，凭借秦国的雄厚实力，毕生致力于一事——东出。

在半个多世纪的时间内，秦昭襄王南路伐楚、中路伐魏、北路伐赵，通过大规模的歼灭战、攻城战,扫清了秦灭六国的阻碍。

到秦王嬴政即位时,赵国历经长平之战已经一蹶不振;魏国失去河西之地、崤函之固,与三晋中最弱的韩国一样,属地只相当于秦国的一个郡;燕国与秦国的直接冲突最少,但日趋衰落;齐国虽为东方强国,却不思进取,束手待毙;楚国是山东六国中的第一大国,一度"带甲百万,粟支十年",即使积富百年,但在秦国连年攻略下,不断迁都,早已丧失昔年神威。

正是在这一背景下,秦王嬴政挥剑决浮云,东向扫六合,发动了统一山东六国的战争,到公元前221年正式灭齐,结束了春秋战国长达500多年的乱世。

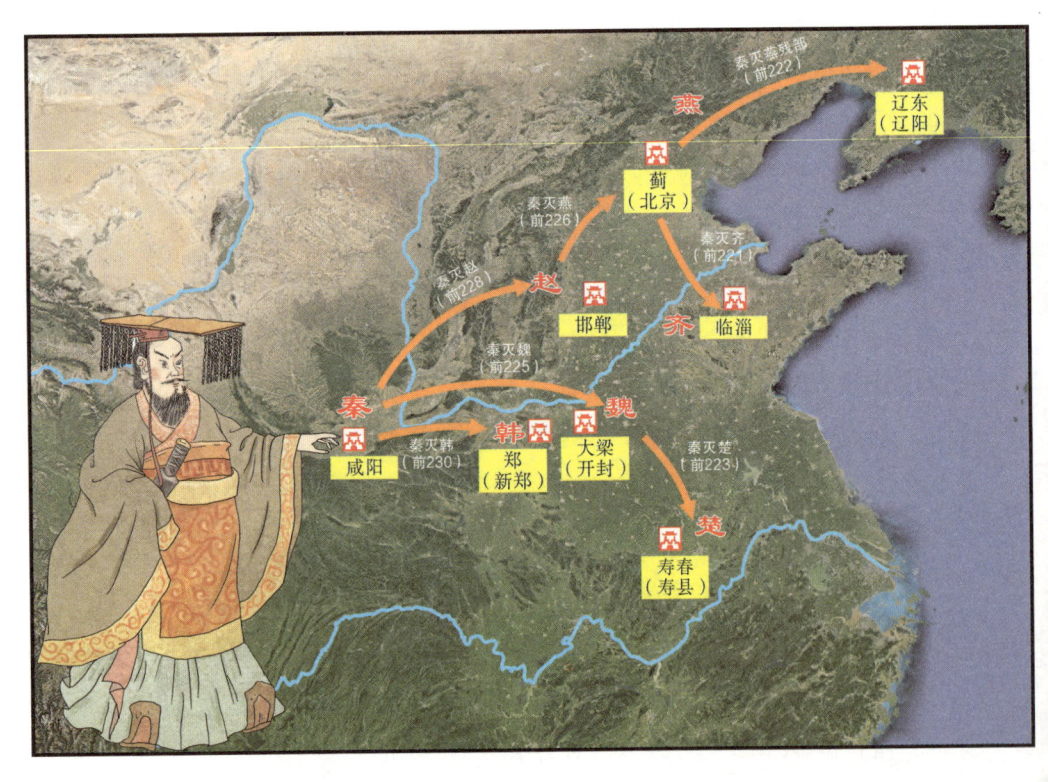

图4.4 秦灭六国路线图

之后，秦始皇将从山东六国缴获的武器销毁熔炼，铸成12个重达千斤的铜人。

循环：灭亡与开辟

秦朝统一后，山东六国的残存势力仍在影响帝国的安定。

有秦一代，六国复国运动长期动摇秦朝的统治。当时，山东口耳相传的一句口号便是楚人楚南公说的："楚虽三户，亡秦必楚。"

山东六国之一的楚曾将河山败于秦人，后来他们却从秦人手里夺回了天下。

秦始皇死后的第二年，即公元前209年，楚人陈胜、吴广高举反秦大旗，山东豪杰闻风而动。

参与反秦战争的楚国贵族有项梁、项羽叔侄；赵地有以赵王赵歇为领袖，张耳、陈馀为谋士的军事集团；齐地则以齐王田市为名复国；韩王成占领了以阳翟为中心的原韩国大部分土地。

起义军中的六国贵族，大都以恢复故国为目标，他们群起响应，向西进军。秦朝覆灭的命运，再度与崤函这一宿命之地紧密相连。

当时，项梁起义军拥立楚国后裔熊心为楚王，相约"先破秦入咸阳者王之"。起义军的将领项羽与刘邦展开了激烈的竞争。

刘邦率领的西线军率先来到函谷关下，但其实力较为弱小，如果强攻函谷关，会付出惨痛的代价。谋士张良及时制止了刘邦，转而向南进发，攻下诸多防御松散的小城，跨过崤函天险，率先进入关中地区，攻入咸阳城。

随着崤函之固瓦解，秦朝在山东六国的起义浪潮中走向灭亡。之后，刘邦打败项羽，承袭秦朝制度，建立了另一个大一统王朝——汉。

山东：从崤山以东到太行山以东

山东六国已成往事，却在漫长的历史中形成了各具特色的地域文化，融合成中华文明的底色。

在大一统王朝的时代，"山东"的概念逐渐发生转变。

春秋战国时期以崤山以东为山东，更多是站在秦人的视角来看，因为他们起初困守于崤山以西，将东出函谷作为实现霸业的目标。而汉朝以后，崤函古道虽然仍有沟通东西两京的作用，但包括洛阳在内的崤函以东大片土地也都在大一统王朝的统治之下。

唐朝以来，政治中心东移，古都西安和洛阳的地位被开封、北京、南京等城市超越，沟通东西两都的崤函古道也随之没落。渐渐地，人们不再以崤函来划分东西，而是用太行山脉这一更广泛的分界来区分山东、山西。

古山东概念消失的另一个原因，是现代"山东省"的形成。

北宋末年，北方的华北平原成为金兵南下的战场。金统治北方时，在华北设置山东东路及山东西路，其中，山东东路的治所在益都府（今山东青州）。这是山东作为政区之名的开始。

明洪武元年（1368年），置山东行中书省。清初设置山东省。其大致范围是：东部为山东半岛，西部及北部属华北平原。

至此，太行以东的"山东省"概念逐渐深入人心，而秦人东出的辉煌早已如过眼云烟，崤函以东的"古山东"也湮没在历史长河之中。

参考文献

[汉]司马迁：《史记》，中华书局2006年版

[汉]刘向著，缪文远、缪伟、罗永莲译注：《战国策》，中华书局2012年版

邹逸麟：《黄淮海平原历史地理》，安徽教育出版社1993年版

杨宽：《战国史》，上海人民出版社2003年版

宋杰：《中国古代战争的地理枢纽》，中国社会科学出版社2009年版

辛德勇：《古代交通与地理文献研究》，商务印书馆2018年版

2 燕云十六州：
燕云十六州分别是哪些城市

五代十国时期，臣下谋反弑君篡位之事屡见不鲜。

934年，后唐明宗李嗣源的养子李从珂起兵，将继位不到半年的明宗之子、闵帝李从厚废弑，自立为帝，即后唐末帝。

闵帝被废后，后唐明宗的女婿石敬瑭惶惶不安，他作为河东节度使，镇守太原，手握重兵，让李从珂十分忌惮。有一次，石敬瑭的妻子公主李氏入朝庆贺末帝生日，辞别时，李从珂竟对她说："你这么急着回去，是要与老石造反吧！"

石敬瑭不愿束手就范，他不惜向北方的契丹人求援，称辽太宗为"亚父"，并献上一份大礼——燕云十六州。

此刻，历史的蝴蝶扇动翅膀，掀起了一场席卷此后四百余年的风暴。

燕云十六州

10世纪初，契丹人在辽太祖耶律阿保机的率领下，崛起于游牧地区，夺取了今东北至渤海的大片土地，从星罗棋布的部落发展为割据一方的强大政权，对中原虎视眈眈。

此时，有一个人让契丹注意到了燕云十六州这块风水宝地。

917年，新州围练使李存矩仗着权势，要强娶其部将卢文进的女儿为妻。新州，即今河北涿鹿，为燕云十六州之一。

卢文进身长七尺，食量过人，是个性急如火的壮汉，不是溜须拍马之辈。他怒上心头，将李存矩杀死，逃入契丹。本来事情已经日渐平息，但卢文进不肯罢休，他指引契丹人攻打幽、蓟诸州，大肆掳掠百姓，从此，幽、蓟一带天无宁日。

卢文进不仅教会契丹人制造器械、挖凿地道等攻城之术，还将燕云十六州的重要性告知契丹统治者。史载，契丹"为唐患者十馀年，皆文进为之也"。

燕云十六州，也称"幽云十六州"，有幽（今北京）、蓟（今天津蓟州）、瀛（今河北河间）、莫（今河北任丘）、涿（今河北涿州）、檀（今北京密云）、顺（今北京顺义）、妫（今河北怀来）、儒（今北京延庆）、新（今河北涿鹿）、武（今河北宣化）、云（今山西大同）、应（今山西应县）、朔（今山西朔州）、寰（今山西朔州东部）、蔚（今河北蔚县）十六个州。

"燕云"一名，见于《宋史·地理志》。石敬瑭割地契丹之后，辽太宗将幽州设为"南京析津府"，又称燕京，并将云州建为"西京大同府"，故合称为"燕云"。

按照今天的省市划分，燕云十六州的主要范围，包括今北京、天津以及河北北部、山西北部的大部分地区。

在唐朝，这里是燕蓟节度使与河东节度使的辖区，也是防备契丹人的重镇。

从地理上看，燕云地区的北部扼守燕山山脉与太行山北支的长城一线，东北有卢龙塞，西北有居庸关，形势险要，易守难攻。这些由崇山峻岭组成的屏障形成一条农耕地区与游牧地区的天然分界线，史学家称之为"盖天地所以限华戎，而绝内外也"。

燕云十六州与长城防线是唇齿相依的关系，从天津蓟州到山西朔州绵延

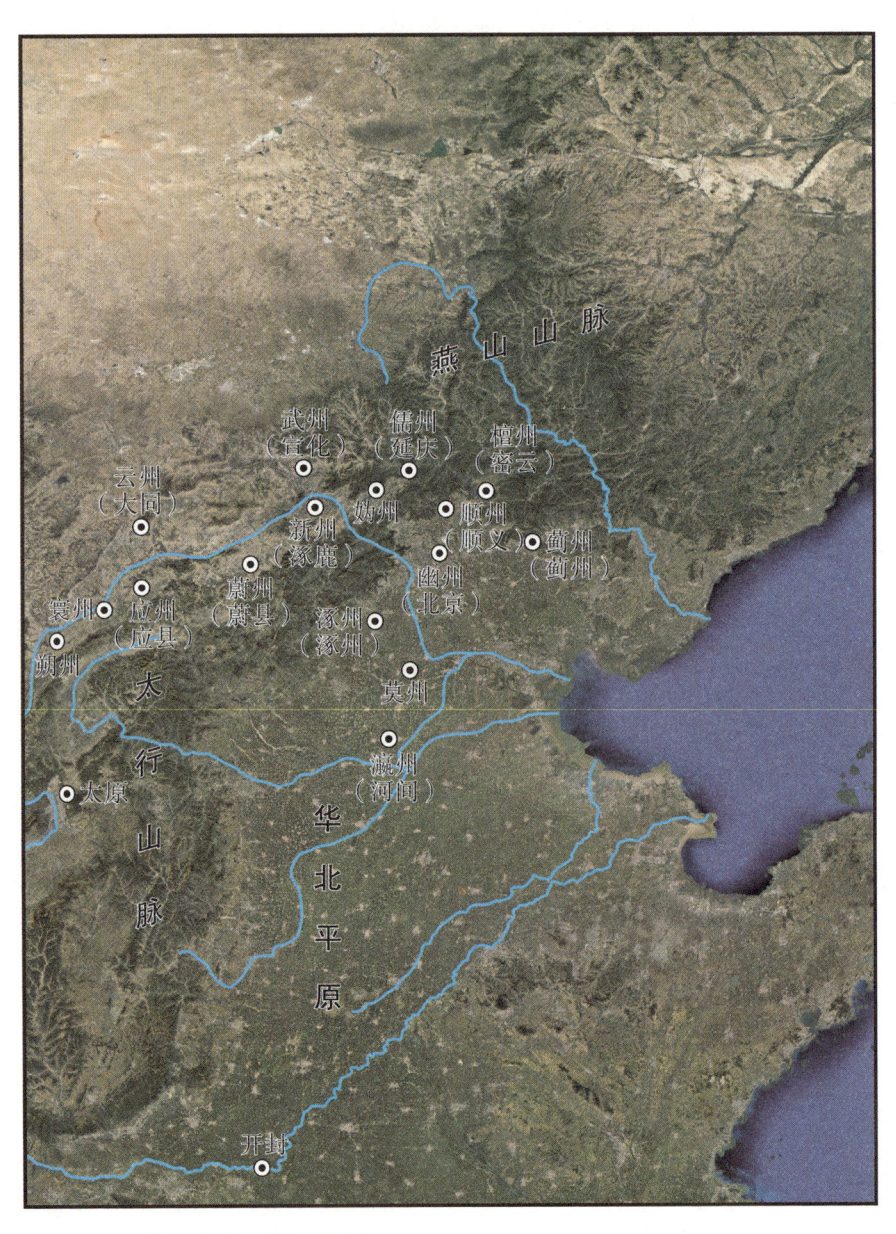

图4.5 燕云十六州地理位置

千余里，山川形势如同拱卫中原的北大门。燕云地区一旦失守，华北平原无险可守，河北腹地将完全暴露在北方游牧民族的铁蹄之下。

此外，燕云地区气候温暖湿润，自古为北方经济重镇，农业发达，商业繁荣。早在汉朝，司马迁就在《史记》中说："夫燕亦勃、碣之间一都会也。"契丹兴起于东北苦寒之地，自然对这块富庶的土地垂涎不已。

儿皇帝

五代时期，随着后唐末帝李从珂与河东节度使石敬瑭的矛盾激化，燕云十六州成为石敬瑭向契丹献媚的筹码。

清泰三年（936年），李从珂命石敬瑭移镇郓州（今山东菏泽）。

石敬瑭知道，若离开苦心经营多年的大本营，自己就是刀俎之下任人拿捏的鱼肉。因此，早有异心的石敬瑭不听命令，公开反叛，遣使向契丹称臣，并表示愿以"父礼"侍奉比自己小10岁的辽太宗耶律德光。

辽太宗同意助石敬瑭称帝灭唐，事成之后，石敬瑭除了割让燕云十六州，还要每年向辽献绢帛30万匹。

石敬瑭认辽太宗为父，有可能是受五代认"义儿"风气的影响。当初，李克用与朱温争夺天下时，其麾下爱将多是自己的"义儿"。

巧合的是，辽太宗耶律德光确实是石敬瑭的叔父辈。石敬瑭的岳父李嗣源是李克用的义子，而李克用当年与辽太祖耶律阿保机约为兄弟。石敬瑭称呼耶律阿保机的儿子耶律德光为"叔叔"实不为过，但他认其为父，还要把燕云十六州割让出去，事态便尤为严重。

石敬瑭要割让燕云十六州时，其手下大将刘知远（即后汉开国皇帝）劝谏他说："称臣可矣，以父事之太过。厚以金帛赂之，自足致其兵，不必许以土田，恐异日大为中国之患，悔之无及。"

但石敬瑭一意孤行，不听劝阻。

经过一番交易，辽太宗以神人托梦为借口，挥兵南下。契丹大军自雁门关涌入，直抵太原，旌旗连绵五十里，与石敬瑭的军队一起对后唐军形成反包围之势。

在辽太宗与石敬瑭的联合打击下，后唐迅速走向灭亡，石敬瑭受契丹"册封"为帝，国号为"晋"，后迁都开封，史称"后晋"，石敬瑭即后晋高祖。

《辽史》记载，辽太宗在立石敬瑭为帝的诏书中写道："朕永与为父子之邦，保山河之誓，于戏，补百王之阙礼，行兹盛典，成千载之大义……"此后，石敬瑭奉表称臣，自称为"儿皇帝"，尊称辽太宗为"父皇帝"。

石敬瑭为求自保而向契丹求援，为个人野心而放下尊严，这是他个人的无耻，但割燕云十六州，使华北屏障尽撤、无险可守，却是影响此后四百年中国局势的败笔之举。

后世史家称其为"中原之大祸"。

从此，北方游牧民族得以占据地理优势，长驱直入，南下侵掠。

石敬瑭在位七年，他信守诺言，对契丹百依百顺，除了每年的岁币外，还经常向契丹权贵赠送珍宝，唯恐得罪"干爹"，最后在忧虑中病逝。

石敬瑭去世后，其子石重贵即位，是为后晋少帝。石重贵骨气甚于其父，不愿向契丹称臣。辽太宗得知后大怒：后晋帝位乃我恩准，区区继位者何以如此嚣张？

后晋开运元年（944年），辽太宗命人率领前锋五万入雁门，南下攻晋。由于失去了燕云十六州这一屏障，辽军势如破竹，转眼间就兵临黄河。适逢黄河开冻，辽兵不便久留，才回师燕京，然而所过之处皆被焚掠殆尽。

此后，契丹连年攻晋，直到后晋灭亡。

947年，辽太宗在攻灭后晋后，率军还朝，中途病重去世。

此次南下，契丹沿用"打草谷"的旧法，四处劫掠，开封、洛阳数百里被抢劫一空，沦为废墟，后晋宫中后妃、宫女等数千人也被掳往北方。这一场景成为一百多年后靖康之变的预演。

坐拥燕云十六州的契丹,犹如盘旋在中原人头顶的乌云,挥之不去,仿佛随时就会大雨倾盆。

后晋国灭,后汉、后周依次建立。

后周世宗柴荣,是五代十国时期一位励精图治、大有作为的皇帝。他在位时期,为夺回燕云十六州,对契丹发起了反攻。

后周显德元年(954年),柴荣从姑父郭威手中接过皇位。十国之一的北汉趁后周政局不稳,联合契丹南下,与后周在高平(在今山西晋城)爆发一场大战,史称"高平之战"。

柴荣非常勇猛,不仅带兵战胜了北汉与契丹的联军,还乘胜追击,一举拿下三关三州,即瀛、莫、易三州,以及淤口(今河北霸州东)、瓦桥(今河北雄县)、益津(今河北霸州)三关。

当时燕云地区归辽时间尚短,人心皆向中原,在后周世宗北伐途中,三关三州之地多望风而降。

柴荣有收复燕云十六州的计划。收复三关三州后,他本想进一步北伐,拿下幽州,也就是辽南京(今北京)。

遗憾的是,天妒英才。柴荣在位不足六年便去世了,留下了壮志难酬的政治遗嘱。

收复燕云十六州,日后成为了北宋统治者的奋斗目标。

宋辽争霸战

宋人以文治天下,在直面强敌时却能不卑不亢。

北宋时期发生了"庆历增币"事件。当时,辽朝要求宋朝所献岁币要以"献"或"纳"为名;宋朝大臣富弼认为,这是称臣之礼,请皇帝拒绝答应。

辽朝回复说："这种事情自古有之，你们为何这么小气？"

富弼说，石敬瑭因为契丹援助才得以立国，所以不仅称臣，还自认儿皇帝，但现下宋朝与契丹的关系，并没有后晋这样的情况。

富弼在一定程度上承认了五代时期中原"臣事"北方的历史，但又强调，宋朝在立国时没有接受北方势力的援助，不可能向辽称臣。

北宋统治者自认为，他们在气节上要胜于后晋高祖石敬瑭，遂以后晋献地为耻辱，以收复燕云十六州为志向。

宋朝与辽朝的争夺不可避免。

宋太祖赵匡胤黄袍加身后，采用"先南后北、先易后难"的战略，想以和平方式（"和买"）赎回北方的燕云十六州。

为此，宋太祖设"封桩库"，将南征过程中获得的金银布帛存入库中，打算积少成多存够银钱，就向辽朝赎回燕云十六州。倘若辽朝不允，则以此为军费，招募勇士，讨伐辽朝夺回失地。

石敬瑭割让燕云十六州时，赵匡胤正值少年，多年后，他仍对这一历史事件痛心疾首。

每次说到此事，宋太祖就对近臣说："石晋苟利于己，割幽蓟以赂契丹，使一方之人独限外境，朕甚悯之。"他不仅痛惜中原屏障毁于一旦，更是爱民如子，想要赎回陷入辽境已久的子民。

宋太祖的"和买"政策，实际上是一种积蓄力量、徐徐图之的计谋。但钱粮未足，宋太祖就撒手人寰了。

北宋第二位皇帝宋太宗赵光义消灭周边各个割据势力后，没有继续推行兄长的"和买"策略，而是想通过武力夺回燕云十六州。

宋太宗接连发动了两次北伐，却都大败而归。

第一次北伐发生在太平兴国四年（979年），宋太宗攻下太原后误判形势，没有做好攻取辽南京的准备，就贸然进军。宋军疲惫劳顿，粮草紧缺，屯兵辽南京城下，却不做打援的部署。

宋辽两军在高梁河（今北京西直门外）激战，宋军遭到数路辽军猛攻，全线崩溃。混战中，御驾亲征的宋太宗腿上中了两箭，乘坐驴车狂奔几十里才逃出生天。

雍熙三年（986年），宋朝发起了第二次北伐。宋太宗听说"契丹主少，母后专政，宠幸用事"，再次兴兵伐辽。实际上，宋太宗得到的情报不实，虽然刚即位的辽圣宗确实年少，但他的母后萧太后是位女中豪杰，辅政的韩德让等大臣也都是人才，还有名将耶律休哥镇守幽燕，"劝农桑，修武备，边境大治"，辽军可以说是无懈可击。

雍熙北伐，宋太宗派遣20万大军兵分三路，被辽军分别击败，名将杨业殉国，宋军将士伤亡惨重，丢弃的兵甲高如山丘。宋太宗受此刺激精神萎靡，自知收复燕云无望，声称"欲理外，先理内，内既理则外自安"，言语中满是无奈，中原北大门的钥匙继续掌握在契丹人手中。

与此同时，燕云十六州也在悄然发生变化。

契丹人建立的辽朝，采取"因俗而治"的方式管理燕云十六州，不仅使用武力与北宋长期对峙，还颁布了一系列推动燕云十六州经济发展的措施。

入主燕云多年后，契丹人不再大行劫掠，而是学习汉人先进的生产方式，保护农业、发展商业、善待百姓。其中，辽朝统治下的燕京"兵戎冠天下之雄，与赋当域中之半"。

《契丹国志》中就有"陆海百货，聚于其中……锦绣组绮，精绝天下……水甘土厚，人多技艺"的记载。

史载，宋太宗第一次北伐时，宋军攻至辽南京城下，城中虽民心不定，但在辽军取得优势后，城内"居民大呼，声震天地"，当地百姓放下了对中原政权的眷恋，高声支持辽军。

两次北伐失败后，宋太宗和朝臣不再提收复燕云之事。

宋真宗景德元年（1004年），萧太后和辽圣宗率大军南下攻宋。宋辽在交战后商议和谈,签订澶渊之盟,规定了各自的疆土,意味着宋朝正式承认燕云十六州归属于辽。此后,双方维持了近百年的和平。

澶渊之盟后的燕云

一个悬而未决的问题依然萦绕在北宋皇帝心中。

宋仁宗时,范仲淹主持庆历新政,把收复燕云十六州作为改革的目标之一,认为发兵的先决条件是有充足的财政支持。范仲淹说:"祖宗欲复幽蓟,故谨内藏,务先丰财,庶于行师之时不扰于下。今横为糜费,或有急难,将何以济?"

宋神宗时,年轻的皇帝有恢复燕云之志,作诗曰:"五季失图,猃狁孔炽。艺祖造邦,意有惩艾。爰设内府,基以募士。曾孙保之,敢忘厥志。"他任命王安石主持变法,也是出于对北方用兵的意图。

然而,历史似乎有几分黑色幽默,宋仁宗、宋神宗未能完成的征讨大业,竟由一个颇具争议的皇帝短暂地局部"完成"了。

宋徽宗政和元年(1111年),童贯作为贺辽生辰副使出使辽朝。辽朝君臣听说童贯是个宦官,不禁笑道:"南朝乏才如此!"

但是,此时的辽朝已经走向衰落。

契丹民间流传着一种说法:"女真不满万,满万不可敌。"大意是,只要有一万女真士兵就可所向披靡,无人能敌。11世纪末12世纪初,生活在黑龙江与松花江一带的女真崛起,多次袭取辽朝后方,并在完颜阿骨打的领导下建立了一个新的政权——金。

有人意识到了辽朝背后的危机。童贯此次使辽,认识了一个叫马植的燕人。马植是个有志之士,对辽积怨已久,他由童贯引荐,拜见宋徽宗,请宋朝"念旧民涂炭之苦,复中国往昔之疆",利用女真与契丹之间的矛盾,联合女真灭辽。

宋徽宗大喜过望,赐以国姓,马植从此改名叫"赵良嗣",参与图燕之议。

宣和二年(1120年),宋徽宗命赵良嗣以买马为名出使金朝,与金签订海上之盟。宋徽宗在御笔中写道:"据燕京并所管州城,原是汉地,若许复旧,将自来与契丹银绢转交,可往计议,虽无国信,谅不妄言。"

最后,宋金双方约定:届时金攻打辽中京(今内蒙古宁城),宋攻取燕京一带,事成之后,燕京归宋所有,宋朝再转交金朝钱物50万两。

两年后,金与宋相约攻辽。在金人的大举进攻下,辽军兵败如山倒。

宋朝派童贯带兵北上,可到了燕云一带,童贯发现,燕地汉民并没有像赵良嗣当初说的那样箪食壶浆出迎王师。在这个民族大交融的地带,人们并没有那么强烈的夷夏观念。

童贯深入辽境,反而被辽军乘机反攻,损失惨重。宋徽宗得知后,惊恐万分,急召大军还师。

不久后,金朝再度遣使相约战期,宋徽宗第二次出兵攻燕。

这一次,宋军将领郭药师提出率奇兵六千乘虚而入,夜袭燕京,并要求另一个将军刘光世带兵接应。

可当郭药师攻入燕京后,宋军与辽军殊死搏斗,刘光世竟然违约不至,不知所归。郭药师所部死伤过半,被迫撤军。辽军乘胜追击,断了宋军的粮道,并举火为号,威慑宋军,使宋军自相践踏百余里,粮食辎重丧失殆尽。

这时,金太祖完颜阿骨打已经攻下辽中京和西京(今山西大同)。他见宋军被奄奄一息的辽军打得节节败退,才知道宋朝不过虚有其表。

当赵良嗣再次代表宋朝来谈判时,阿骨打得寸进尺,同意将燕京六州二十四县交还宋朝,但宋朝除了每年向金朝移交原来献辽的钱物,还须补交100万贯作为燕京的补税钱。

宋军在战场上萎靡不振,赵良嗣这个谈判专家心中无底,只能回朝复命。

没承想宋徽宗悉数答应金的条件，让赵良嗣去跟金朝讨要辽西京。结果，金又向宋朝敲诈了20万两犒军费。

至此，宋徽宗"收复"了燕云十六州中的燕京和蓟、檀、涿、顺等州，但这些城池都被金军洗劫一空，残破不堪。

宋徽宗取得了"阿Q"式的胜利，还自我陶醉，命人撰写《复燕云碑》歌功颂德，自以为完成了祖上未竟的事业。

事实上，金朝同意联宋灭辽，将燕云诸州归还宋朝，只是为了哄骗宋朝的"赎款"补充军费，之后再把城池夺回。辽亡之后，北宋军队根本无力镇守燕云地区，燕云十六州很快被金朝接管。

宋宣和七年（1125年），金太宗下诏伐宋。金兵铁蹄踏过燕云十六州后一马平川，不到两年时间，北宋东京沦陷，宋徽宗及其子宋钦宗被俘虏，废为庶人。

攻破开封后，金人露出了狰狞的獠牙，他们早已不是谈判桌对面的盟友，而是宋朝的梦魇。他们大肆掠夺宋朝的金银布帛、礼乐器具、图书典籍，并将徽、钦二帝及后妃、皇子、公主、王公大臣、工匠、优伶等十万余人掳至北方。

这一年是靖康二年（1127年），史称"靖康之变"，北宋至此灭亡。

之后，徽、钦二帝一行人在北上途中受尽屈辱，他们的后妃、子女也备受折磨，金人还逼迫徽、钦二帝除去袍服，朝见金朝祖庙。徽、钦二帝远徙五国城（今黑龙江依兰），在耻辱中去世，收复燕云失地成为遥远的梦。

建炎南渡后，宋室在江南偏安一隅，隔着江淮一线与金朝形成对峙局面。宋朝连黄河以南的大片土地都失于金兵，收复燕云故地自然也成了一句空话，燕云十六州在南宋时鲜有提及。

定都北京

金朝的龙兴之地在东北，起初以上京会宁府为政治中心。

若以现代人的视角来看，徽、钦二帝被掳至五国城，有将其流放边地的意思，但在当时的金人看来，实则为将其押解到大本营严加看管。

但是，金上京位置偏僻，交通闭塞，对统治中原汉地极为不利。

金太宗去世后，金熙宗完颜亶即位。在位后期，他嗜酒如命，不理朝政，被宗室完颜亮所弑。

完颜亮弑君夺位，皇位来路不正，是金史上一个颇具争议的人物，死后被降封为海陵王，甚至被废为庶人。旧史一般将他描述成滥杀无辜、荒淫无道的暴君。

在短暂的执政生涯中，完颜亮完成了一件大事——迁都。

完颜亮篡位后，在上京生活尤其拘束压抑，整天谋划着摆脱女真贵族暗地里的反对浪潮。他决定，将都城迁到燕云地区的燕京，即原来的辽南京，现在的北京一带。

为此，完颜亮在宫中安排了一出戏。

一日，他问身边的汉人大臣："朕栽种的两百株莲花都死了，这是为何？"

汉臣回答道："自古江南为橘，江北为枳。这不是栽种者的问题，而是地势使然，上都寒冷，而燕京暖和，可以栽莲。"

完颜亮说："依卿所言，择日迁都。"

栽种莲花一事，不过是完颜亮为达目的找的借口。

金灭辽后，势力迅速膨胀，统治范围已扩张至淮河以北。历经战火的燕云地区得到喘息之机，其中，燕京作为北方的经济、文化中心，在辽一代便贡献了国库一半的财政收入，出于战略考虑，金朝也理应从其兴起的东北腹地迁都到华北平原的燕京。

学者余蔚认为，秦、汉、隋、唐等政权，皆以边地起家，统一之后居于关中地带。女真以会宁府起家，待其统治稳定之后，迁都至王朝的中心地区燕京，理由与前代相似。

贞元元年（1153年），完颜亮顺应"据腹心以号令天下"的战略需求，下诏正式将都城从上京会宁府迁往燕京，并改燕京为"中都"，"以燕控南北，坐致宋币"之利，集聚北方人力、财力、物力。

此外，完颜亮为使金朝王公贵族迅速迁往燕京，下令拆除了上京的旧宫殿、宗庙，在上面种植草木，使其无法居住。

有人建议，按照阴阳五行学说营建燕京城的布局，完颜亮说："国家吉凶，在德不在地。使桀、纣居之，虽卜善地何益？使尧、舜居之，何用卜为？"

在完颜亮看来，他迁都燕京是大势所趋，功德堪比尧舜。

完颜亮的迁都政策加强了民族交融，使幽燕之地成为国家政治中心，但其淫乱暴虐的行为早已引起宗室大臣的恐慌与不满。最终，完颜亮在征宋路上被手下所杀，其帝号也被废除。

这个在史书中声名狼藉的君王，却彻底改变了燕京的政治地位。

金朝后期，蒙古族崛起，他们在成吉思汗的带领下建立蒙古政权，对西夏、西辽、金朝、南宋等政权进行征伐，甚至远征西亚、欧洲。

蒙古亦起源于游牧部落，起初没有固定的都城，后来定都于蒙古高原的和林。

1259年，蒙哥汗在进攻南宋的钓鱼城时去世，他的弟弟忽必烈与阿里不哥争夺汗位。

当时，阿里不哥驻守在和林，势力范围主要为蒙古故地，忽必烈从南方带兵北上，主要占据蒙古军攻下的漠南汉地。最后，占据汉地、推行汉化政策的忽必烈打败了阿里不哥，被推举为蒙古大汗，并于1271年称帝，改国

第四章 "消失"的地理概念 145

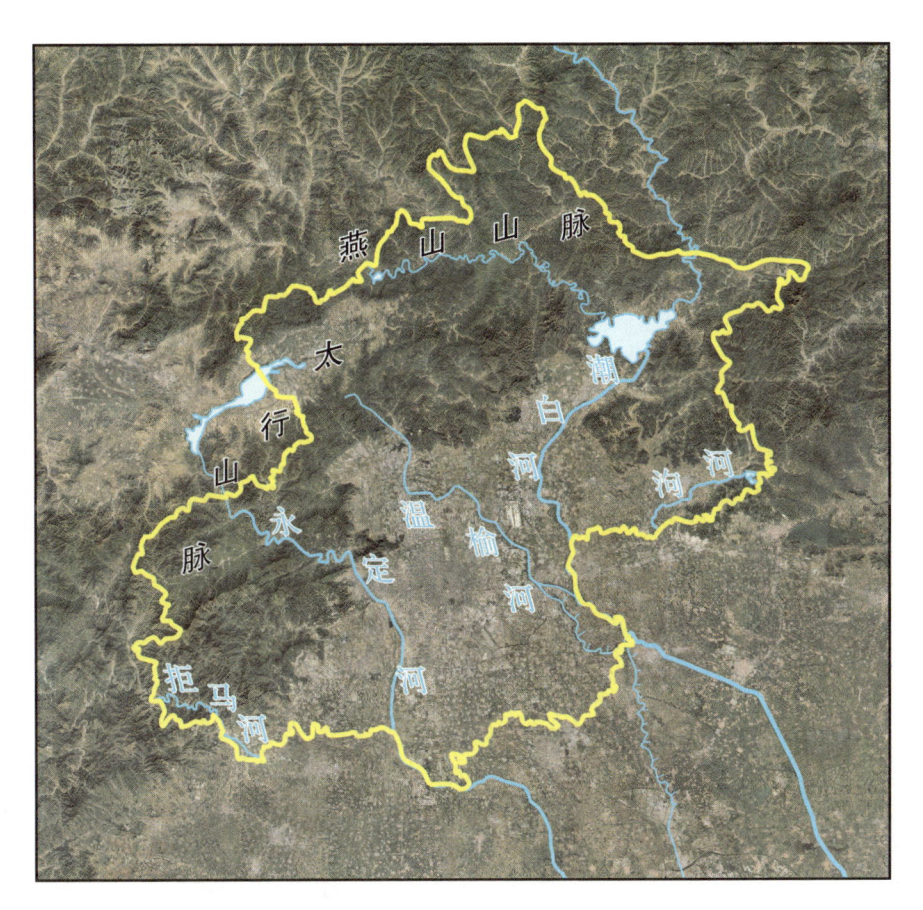

图4.6 北京地形示意图

号为"大元"。

蒙古大军四处征伐之际，忽必烈一度陷入建都的纠结。他曾劝哥哥蒙哥"驻跸回鹘，以休兵息民"，也就是把都城迁到大西北。

忽必烈的部下霸突鲁却说："幽燕之地，龙蟠虎踞，形势雄伟，南控江淮，北连朔漠。且天子必居中以受四方朝觐。大王果欲经营天下，驻跸之所，非燕不可。"

一语惊醒梦中人，忽必烈从此有了迁都燕京的打算，他对霸突鲁说：

"非卿言，我几失之。"

元朝建立后，忽必烈改原来的金中都为元大都，任命刘秉忠等大臣对大都进行大规模的改造和营建。在元朝统治下，大都成为全国的政治中心。

明太祖北伐

然而，燕云十六州的问题并未就此终结。

自石敬瑭割地以来，燕云地区长期处于少数民族政权的统治之下，直到四百年后，这一局面才得以改变。

元朝末年，蒙古贵族失其政，起义军风起云涌，"淮右布衣"朱元璋立足于江南，势力逐渐壮大。

至正二十七年（1367年），朱元璋发布檄文，命令名将徐达、常遇春等率领25万大军北伐中原，推翻元朝暴政。

檄文中写道："当此之时，天运循环，中原气盛，亿兆之中，当降生圣人，驱除胡虏，恢复中华，立纲陈纪，救济斯民。"

朱元璋的大军势如破竹，先后攻下山东、河南，折断大都两翼，直取幽燕。当明军兵临城下时，自知大势已去的元顺帝带着妻儿连夜从健德门北逃，溜回了元上都（今内蒙古多伦西北）。

至此，元朝结束了其在中原地区97年的统治。明太祖朱元璋下诏，改大都为北平。

从开始北伐，到攻占大都，朱元璋只用了不到一年的时间，之后更是全部收回已经被少数民族势力统治了四百多年的燕云十六州，开创了由南到北统一中国的先例。

后来，明成祖朱棣将北平改为北京，再次确立其国都的地位。

动荡了四百多年的燕云十六州,在血泪与刀剑交织的大戏中归于沉寂。伴随着多民族国家的统一,燕云十六州逐渐淡出人们的视线,成为历史轻轻翻过的一页。

参考文献

[后晋]刘昫等:《旧唐书》,中华书局1975年版

[宋]薛居正:《旧五代史》,中华书局1976年版

[宋]欧阳修、宋祁等:《新唐书》,中华书局1975年版

[宋]欧阳修:《新五代史》,中华书局1974年版

[宋]李焘:《续资治通鉴长编》,中华书局1995年版

[元]脱脱:《辽史》,中华书局1974年版

[元]脱脱:《宋史》,中华书局1985年版

[元]脱脱:《金史》,中华书局1975年版

[明]宋濂:《元史》,中华书局1976年版

[清]张廷玉等:《明史》,中华书局1974年版

曾瑞龙:《经略幽燕:宋辽战争军事灾难的战略分析》,北京大学出版社2013年版

3 古徽州：为什么说徽州是深山里的真江南

明万历十九年（1591年），汤显祖目睹当时官场腐败，上谏了一篇《论辅臣科臣疏》，严词弹劾首辅申时行、大学士许国等人，还抨击了明神宗。

疏文一出，明神宗大怒，一道圣旨就把汤显祖放逐到雷州半岛的徐闻县。

在这一事件中，有一个人不得不提，那就是弹劾名单中的许国。许国，徽州府歙县（今安徽歙县）人，是明神宗的老师、内阁大学士。因他平定云南边境叛乱有功，加官晋爵之余，明神宗还让工匠在其家乡修建"许国石坊"，以表彰其功。

据说当时一般臣民只能兴建四脚牌楼，超出便属僭越。然而，明神宗为许国修筑的却是一座八脚牌楼，可见其对许国的宠幸程度。汤显祖被贬后，有人劝他去徽州给许国赔礼道歉，可汤显祖宁死不肯，故有了今天"一生痴绝处，无梦到徽州"的典故。

"一生痴绝处，无梦到徽州"的前半部分，却是"欲识金银气，多从黄白游"。两句诗连起来意思就是：想要认识富贵的人，务必去黄山、白岳山附近沾染些铜臭的气息；世人毕生执着、魂牵梦萦那徽州，我却连做梦都不会想去。

汤显祖正直刚强、宁折不弯的个性，注定使他不受当时世俗的认可。但汤显祖的诗文，却反映了古徽州的辉煌往事。

何为古徽州

"黟县蛤蟆歙县狗，祁门狮狲翻跟斗，休宁蛇、婺源龙，一犁到磅绩溪牛。"但凡徽州人大概都知道这句俗语。

徽州，历史地名。历史上的徽州府，府治歙县，下辖：黟（yī）县、歙县、祁门、休宁、婺源、绩溪。

■ 图4.7 古徽州示意

如今，黟县、歙县、祁门、休宁都归属安徽省黄山市，婺源县属江西省上饶市，绩溪县属安徽省宣城市。

徽州并不"古"，1988年，为响应国家打好"黄山牌"发展旅游业的号召，徽州地区才被拆分成几个部分（婺源除外）。因此，现今大部分生活在这片区域内的老一辈，都认可自己为徽州人。

历史上，徽州前身曾为歙州。在今天天台山与凤凰山之间有一条喇叭口形的狭长山谷，它蜿蜒曲折，气象万千，三道水口环绕拱卫着山谷里的小山村。这里便是如今安徽省绩溪县的汪村。

1400多年前，一位徽州的历史名人——汪华，在这里降生了。汪华是唐朝大臣，被授予越国公、上柱国，德高望重。

隋末，天下大乱，各地起义军割据一方，各自为政。偏安江南一带的歙州也不例外，山寇、流贼声势浩大，歙州官府多次派兵镇压皆无功而返。

这时，精通文韬武略、年仅20岁的汪华学成归来，主动请缨，凭借自己的一身本领，剿灭山寇、流贼，给歙州百姓带来了短暂的安宁，成了名震一时的歙州守将。

为了能给百姓更好的生活，身在军营里的汪华决定解散部分士兵，让他们回乡务农。同时，汪华在军中积极推行"屯田制"，鼓励士兵闲时锄土耕田，战时上马杀敌。

然而，隋朝终归大势已去，随着各路起义军渐渐壮大，地方官也在心中谋划私利。当时汪华的顶头上司、歙州刺史有意投靠淮南地区最大的起义军杜伏威。汪华为了歙州百姓的安宁，反对这一做法，最终引得杜伏威大军来攻。

出于无奈，汪华在众将的再三请求下，自称"吴王"，统领歙、宣（今安徽宣城）、杭（今浙江杭州）、饶（今江西鄱阳）、睦（今浙江杭州）和婺（今浙江金华）六州诸军政，以求以一己之力，保境内百姓太平安康。

汪华主政期间，兴修水利，开垦农田，重视商贸，歙州经济一度繁荣发达。618年，唐朝正式建立。汪华审时度势，决定投靠李唐，共谋天下太平之大计。汪华识大局的举动，从某种程度而言，推动了中国历史"大一统"的进程。

汪华去世后，歙州一带相继建立了许多汪公庙纪念其功绩，使他成为当地最重要的地方神——汪公大帝。

到了北宋末年，大名鼎鼎的农民起义军领袖方腊在歙州起义，先后攻占江南六州五十二县，影响极大。为平息战乱阴影，宣和三年（1121年），皇帝赵佶下诏改歙州为徽州。

徽，有美好之意，后来也成为赵佶的庙号。

自此，徽州之名，活跃史册近800年。

徽商的缘起缘灭

徽谚有云："前世不修，生在徽州。十三四岁，往外一丢。"

早在南宋淳熙（1174—1189年）年间，《新安志》上就有徽州"山限壤隔，民不染他俗"的说法，由于交通闭塞，长久以来，徽州本土经济多为山林经济，也就是靠山吃山。例如，徽州境内祁门、婺源盛产茶叶，黟县盛产香榧，绩溪盛产山核桃等，但物品生产再多，如果不售出，物品就会滞留，产生不了价值。

正因如此，徽州人必须走出去，谋求发展。

或许是源于汪华的执政理念，自隋唐以来，经商观念犹如种子一般在徽州一带人们的心中生根发芽，逐渐形成与晋商齐名的中国古代著名商帮——徽商。

历史上，徽商在宋朝时期逐渐形成。当时，由于宋室南渡，迁都临安（今浙江杭州），从而带动整个国家诸多领域的先进生产力南移，江南一带由此更加繁盛。而一直以来便有经商观念的徽州人，自然纷纷把握这大好时机：他们充分利用自己紧靠国都的优势，利用徽州一带水网交错的便利交通，将本土堆积已丰的特产运往全国各地，商贸活动由此全面崛起。

当时在全国贩茶、贩纸行业中，徽州祁门商人程承津、程承海兄弟俩由于获利巨丰,被合称"程十万"。朱熹的外祖父祝确经营的商店、客栈占当时徽州府城(歙县)的一半,人称"祝半州"。

正所谓"捐资兴学,功德无量",兴盛起来的徽商也将"业儒入仕"定为事业的终极目标。民间渐渐开始流传"养儿不读书,不如养头猪。三代不读书,不如一窝猪"的谚语。徽州人不仅通过经商改变人生,还一心向学,通过读书改变命运。

抛却积功修德观念,在当时,读书科举所获之利非商贾交易可比。在中国封建社会,平民阶层分为士、农、工、商四大类。"学而优则仕"是天下人梦寐以求的理想,只有当官,才能摆脱这种底端阶层影响,达到地位和人生价值的提升。

因此,在巨大的欲望驱使下,徽州成为历史上一个极其重视教育的地方,"虽十家村落,亦有讽诵之声"。正是在这股全民喜学、爱学、向学的风气带动下,宋元时期,徽州才得以孕育出程颢、程颐、朱熹等理学大师。

作为东南邹鲁、朱熹故里,徽州秉承朱子遗风,书院文化也随着徽商的兴起而传遍一府六县。在数量上,全国各地书院更是无出其右。在这种"不儒则贾"的生存经营模式下,徽商智慧与财富并重。

一个徽商帝国,正在慢慢形成。

明朝时期,为了彻底击溃北元的残余势力,政府在北方设置了9个军事重镇。为了吸引商人向边境运输军粮补给,明朝政府规定,商人只有向北方边境运送粮食贩卖,才能获得盐引(一种合法的贩盐许可证)。

在古代,盐属于国家管控极严的必需品,拿到盐引就相当于拿到了一笔一本万利的生意。因此,尽管边境路途遥远,徽商们仍不辞辛苦,往边境运粮。但相较于晋商而言,徽商并不占据地理优势,故在明初,徽商虽已意识到发展盐业的重要性,却比不上晋商的发展速度。

到了明中期,随着白银逐渐成为经济贸易中的"硬通货",政府逐渐放宽盐引的获取途径,允许商人在合法途径下贩盐获利。由于东临黄海,西接京杭大运河，两淮地区很快成了大明帝国最重要的盐政中心。

徽商大展身手的时代到了。凭借两淮地区"关系国库"的盐税，徽商纷纷转做盐业生意；凭借水陆交通之便，徽商几乎垄断了两淮地区全盘的盐业生意，成了明、清两代政府最为倚重的商人群体。

在"业儒入仕"思想的影响下，徽商宗族不但生意越做越大，科举出人才的概率也越来越高。据统计，有清一代，歙县本籍、寄籍（指长期离开本籍，居住外地）共出状元5人，包括徐元文、潘世恩、洪钧等；榜眼2人，即江德量、洪亮吉；武榜眼1人，即鲍友智；另有探花8人，进士296人。歙县还出了4位大学士、7位尚书、21位侍郎。

而徽州的休宁县，更是以"产状元"闻名。当地望族吴氏，南宋时期出现了官居左丞相的吴潜。除此之外，休宁还有被称为"真乃奇男子也"的程若川、以直谏朱元璋而闻名的任亨泰、扫平海贼大败倭寇的沈坤、抗击清兵的铁鞭王黄赓等。

或许正是因为徽商的影响力，清朝的康熙皇帝才决定以安庆、徽州等七府三州之地，设立安徽省，使其成为江南三省之一。

徽商凭借盐业兴旺、官员扶持、帝王宠信等有利条件，在衢州、徽州、金华等浙西鱼米之乡兴建起一栋栋徽派园林建筑。这种建筑以砖、木、石为原料，坐北朝南，整座房屋随处可见雕镂精湛的木雕、砖雕和石雕，尽显富贵人家的荣耀与奢华。

因地处江南地区，为应江南之景，设计者们还特地以青砖灰瓦为徽派建筑原材料，让建筑与小桥、流水等景物融为一体，充满恬静、安宁的气氛。

不过，独特的园林建筑景致仅仅满足了徽商视觉方面的要求。口味挑剔的他们开始在园子里客养会"十八般厨艺"的大师傅，每日为他们烹饪美食。

在这些厨师的精细钻研下，中国八大菜系之一的徽菜诞生了。徽菜讲究以鲜制胜，就地取材。因为徽州一带盛产山珍野味、河鲜家禽，所以，只需善用火候，成品必定能惊艳四座。

品尝着美味佳肴、享受着豪华的园林建筑，有文化的徽商也慢慢开始丰富自己的精神生活。在徽商的带动下，徽剧开始风靡全国。乾隆皇帝生母孝圣宪皇后过寿时，宫廷里甚至准备了徽剧表演。

乾隆五十五年（1790年），三庆、四喜、和春和春台四大徽班到北京演出。道光年间，湖北汉剧进京，徽剧的二簧调和汉剧的西皮调结合形成京调，京剧就此诞生。

徽商这种资源丰富的物欲生活，就连自称为"十全老人"的乾隆也自叹不如："富哉商乎，朕不及也。"

或许是徽商富可敌国的财力引起了帝王的关注，康熙、乾隆两位皇帝12次南巡，不约而同都选择了江南。特别是乾隆，六下江南花费之巨，世所罕见。这其中，多半出自垄断盐业经营的徽商。

眼见能获得与帝国统治者零距离会面的机会，在名利双收的诱惑下，徽商自认花费物有所值，而乾隆皇帝对此也颇为满意，乐见其成。

为了宗族的荣耀，徽商们不仅将自家园林腾作帝王的行宫，还大行捐献、捐纳之事，企求通过利益输送达成人脉关系下的政治庇护。

但无情的帝王总是只顾享受，对于徽商们的心思，大都不予理会。以乾隆朝（1736—1796年）为例，前期每引盐所需缴纳的杂税为12两，后来变成了14两。自乾隆之后，清朝由于国势衰落、割地赔款，国家需要的钱越来越多，盐引杂税金额也越来越大，压在徽商身上的担子越来越重。

嘉庆（1796—1820年）之后，两江总督陶澍提出以"票法"代替"纲法"，使徽商的盐业垄断之权彻底断绝，徽商由此一蹶不振。

徽商衰落的同时，太平天国运动也爆发了。这场运动席卷了包括江南在内的大半个中国，江南地区的盐业、木材、茶业等均遭受重创。而外国殖民侵略资本的深入，更是在传统徽商身上"割"走了更大的一块肉，这无疑是兴盛数百年的徽商难以接受的噩耗。

作为这支商帮中仅存的最后一位代表人物——胡雪岩，虽得帝国实际掌权人的青睐，成为晚清最有实力的商人之一，但奈何抵挡不过权力的争斗、派系的倾轧，最终也沦为了政治的牺牲品，由此徽商彻底没落。

徽州如梦

徽商失势，使徽州渐渐淡出人们的视野。如今，徽州之名渐行渐远，却因黄山的旅游开发，成为一种特殊的历史符号。

当徒步走进古老的县城时，仿佛还能一览徽商宗族的昔日繁华；从奇秀的山路登上黄山之巅时，依旧能品味徽派山水的天下无双。徽派的建筑、篆刻、版画、美食……每一种风物都流传至今。青山绿水间流传的徽派文化源远流长，而这种流传，在某种意义上算得上是现代徽州的延续。

参考文献

方静：《解读徽州》，合肥工业大学出版社2009年版

陶绍兴、郑晓明：《素封：明清徽商无奈之抉择》，安徽商贸职业技术学院学报（社会科学版），2020（04）

刘九伟：《简论隋唐以来运河沿线地区教育发展及特色》，淮阴工学院学报，2020（02）

郭峰：《两淮产盐及行盐四省图》，地图，2005（04）

4 河东：
你的姓氏来源于哪个世家

元丰五年（1082年）初春，苏东坡从黄州顺江而下，想要拜访隐居蕲州的名士吴德仁。

他与吴德仁彼此仰慕已久，可惜此行还是未能见上一面。不久后，苏东坡给吴德仁去信一封，并以《寄吴德仁兼简陈季常》为题作诗相赠，诗中有几句举世闻名，妇孺皆知：

龙丘居士亦可怜，谈空说有夜不眠。
忽闻河东狮子吼，拄杖落手心茫然。

关于"河东狮吼"有两种解释。一说自号龙丘居士的陈季常十分惧内，有一日宴饮请了歌妓，其妻柳氏心下恼火，杖击墙壁，大声斥骂。另一说是陈季常有一个好友柳真龄精通佛道，随便一语便能使人醍醐灌顶，"狮吼"其实是佛道威严之意。

但不论哪种说法，"河东"代指的均是"柳"这个姓氏。

中国地理好用山川河流命名，河东最初指的是黄河以东。秦朝设河东郡，也就是今天的山西运城、临汾一带。秦以后，"河东"代表的地域忽大忽小，到唐朝，河东甚至包括了整个山西省。但人们习称已久的河东，指的还是晋南一带。

从魏晋南北朝至隋唐的几百年间，物是人非，斗转星移，而由河东出世的柳氏家族如同一棵屹立不倒的巨柳，坚韧挺拔。在那个时代，一个姓氏便能够代表一个家族无上的荣耀和累世的繁华，吸引着无数人攀附在这棵大树之上。只要是柳姓人家，哪怕自家的籍贯并不在河东，也会声称自己的祖辈出自河东，这就是所谓的"郡望"。

社会学家费孝通认为，氏族郡望不过是"血缘的空间投影"。而河东之地如同上帝的宠儿一般，足足有三个冠冕大族：闻喜裴氏、解县柳氏、汾阴薛氏。

历史如同在此地转折的黄河，与河东之地相遇，翻涌起细密的浪花，世代簪缨的大族也不过是其中一朵。

文明之根

秦以前，虽无河东之名，却有河东之地。

大约8000年前，地球出现了高温期，黄河中游地区的环境变得更加适宜人类生存，人类早期社会形成的各方部落开始向关中、豫西及晋南这片号称中原的地区迁徙。《史记·五帝本纪》有"万国"之谓，点燃文明之火的先祖们出现了——炎帝、黄帝、共工、蚩尤、少昊、太昊、颛顼、帝喾……紧接着，战争出现了——炎帝战黄帝、黄帝战蚩尤、共工战颛顼。联合也出现了，比如炎帝与黄帝的结盟。这些战争与联合，揭开了中国走向统一的漫长征程的序幕。

作为舞台中心区域的河东之地集中了华夏先祖的活动轨迹，女娲、黄帝、蚩尤、尧、舜、禹等都在这里留下丰富的神话传说。

《左传》载："惟彼陶唐，帅彼天常，有此冀方。"陶唐指的便是尧。唐朝的孔颖达曾解释道："尧治平阳，舜治蒲坂，禹治安邑，三都相去各二百里，俱在冀州，统天下四方。"今人谭其骧考证，平阳即今山西临汾，蒲坂则在今山西永济西，安邑在今山西夏县西北，三地全都在晋南一带。

在晋南建都有其必然性。以平阳所在的临汾盆地为例，其周围的山地以及天堑黄河形成一道天然屏障，便于防守。太行山、中条山等山地间贯通着许多河谷通道，落差小，便于出击。如此攻守相宜的特点，十分符合部落战争的要求。

远古时代受全球气候的影响，山西南部温暖湿润，既无西边的寒冷，又无东边的水患，农业十分发达。加上盆地四周储存了大量的煤、盐等矿产，可谓是最适宜人类生存的地方。

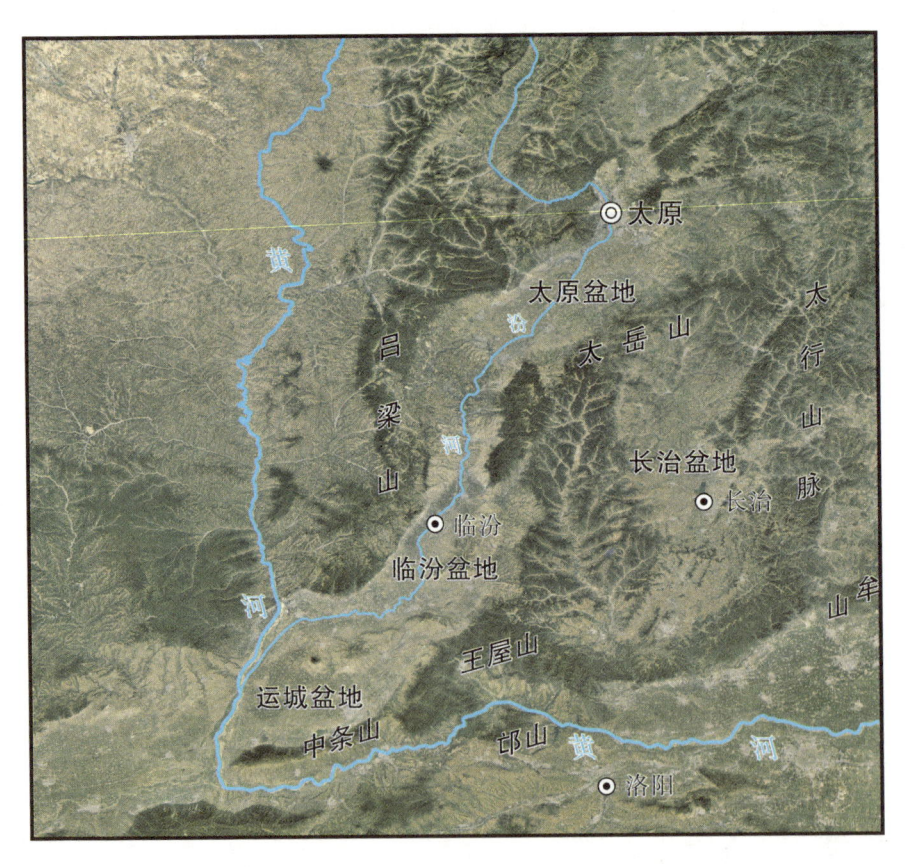

图4.8　晋南地形图

晋南发现的大量文化遗存，横跨旧石器时代、新石器时代，再到商周以前。在中条山南麓，考古工作者发现了闻名于世的西侯度遗址，根据火烧过的兽骨推测，西侯度人在180万年前便开始用火，比"北京人"早了100多万年。考古工作者还在山西襄汾发现了陶寺遗址，巨大的城墟、代表着特权的礼器、工艺精湛的彩绘蟠龙纹陶盘都指向一个发达的王都。有很多学者认为这里可能就是尧都。

可见，从石器时代开始，河东就是重要的文化中心。正如考古学家苏秉琦所说，晋南这片土地是中华民族的"直根"。

晋南历代地方志中都宣称自己是尧舜禹的故土。自明万历十九年（1591年）始修《临汾县志》，至民国二十二年（1933年），数次修志，一共有12篇旧序文，其中8篇直言临汾是尧舜禹旧都。与此同时，这些上古帝王也在临汾的尧庙、河津的禹凿龙门、蒲州的舜都遗迹等处彰显"踪迹"，河东的山川、祠庙、古迹都有关于他们的历史印记。

本土的风俗也有着上古的印记。《诗集传》曰："其地土瘠民贫，勤俭质朴，忧深思远，有尧之遗风焉。"一直以来，这里的百姓都继承着"陶唐遗风"，以谨守规矩、知礼节俭著称。由于地狭人稠，所以百姓力事农桑，不求华丽，风气近于儒家想象中的尧舜禹的黄金时代。

历史的本质是集体记忆。历代生活在晋南的百姓都真切地铭记、祭祀上古帝王，以获得地方的认同，对他们来说，这就是历史。

河东：争霸焦点

随着部落联盟时代的落幕，王朝在华夏大地崛起，战争也变得愈发暴力和凶残。河东之地很快以其表里山河、擅金汤之固而著称于世。

春秋后期，晋国从汾浍流域的百里之地发展为北方首屈一指的大邦，绵延两千余里，跨有太行山脉两侧。三家分晋时，赵多得其北，韩获其南，魏则占其中部地域。

魏国定都安邑，盘踞河东之地，自视为晋国霸业的继承者。河东的水道、旱路四通八达，境内汾、涑、浍水均可航行舟船，沟通秦晋两地。魏都安邑处在几条道路交会的中心，北穿晋阳可直达代北，东逾王屋山便进入华北平原，南经豫西走廊东出崤函便是洛阳，西可抵达关中平原。便利的交通条件，不但使魏国商旅荟萃、贸易发达，而且便于调遣军队，有利于向各个方向运输兵力。

魏文侯在位期间，任用吴起、李悝、西门豹等人变法图强，取得卓著成效。在对外战争中，先后向秦、中山、齐以及中原地带主动发起进攻，取得赫赫战果，直至"逢泽之会"，魏惠王率诸侯朝天子，登上了霸主的宝座。

可惜的是，魏国有两个致命缺陷：其一，河东之地尽管农业发达，但是人口也相对稠密，人地矛盾突出。李悝在魏推行的"尽地力之教"，就是企图利用有限的耕地资源，提倡精耕细作，以化解人地之间的矛盾。其二，魏国领地分散隔离，四面皆敌，如河内、上郡等地，孤悬于河东本土之外，有山川相阻，且受到强邻的威胁。

对此，魏国的解决办法是：往中原扩张，成为秦国、楚国这样的千里泱泱大国。

随着秦国的崛起，河东之地屡屡受到威胁。公元前408年吴起伐秦获胜后，魏国便在河西采取守势，放任秦国发展，主力尽数调往东方，把中原当作经略天下的重点。

后来，魏国还将都城迁至大梁（今河南开封）。这一举动有利有弊，虽然大梁所在的河南富庶安定，地理上毗邻华中地区，有利于开拓中原，但却是无险可守的四战之地。此时的中原，就像是淬毒的甜品，一旦品尝过它的香甜，诸多强邻便会群起围攻，使它始终无法摆脱困境。公元前341年的马陵之战，魏惨败于齐，十万大军被歼，统帅庞涓自杀，太子申被俘虏。次年，魏国又遭到秦国的打击，丧师失地。魏之势力从此江河日下，再未恢复往日的伟绩。

如果魏国能够在迁都大梁之前，以全力伐秦，占据关中之地，令关中和河东相连，再向中原扩张，或许形势会有利得多。

而对秦而言，想要东进，第一要务就是夺取河东。公元前286年，秦派遣司马错攻魏河内，魏献出安邑。秦从此据有河东，为后世的统一埋下了伏笔。

这便解释了一个历史上的奇怪现象：河东之地明明属于三晋，在秦汉以后却常常划归到长安所在的畿辅地区，受到中原政权的倚重。从后世曹操与马超的潼关之战，刘曜击长安、俘虏晋愍帝，北周与北齐的对峙，李克用攻破关中等事件中，均可看出河东作为战略之地的重要性。

军政人才崛起

秦国占据河东之地后，曾两次大规模将秦人迁往河东。当时的秦国，经过商鞅变法，民风大变，人皆崇尚武力、服从法令、不善儒术，而魏国故地又刚好是法家之策源地。因此，以"先王之教"闻名的河东之地很快就变成一个尚武、尚法的地区。

到了西汉，河东为朝廷输送了大量人才，既有征战沙场的武将，又有用刑用法的酷吏。

将《史记》和《汉书》进行梳理，其中详细记载的河东人物大致有：周亚夫、卫子夫、卫青、霍去病、曹襄、张隆、张次公、李文、郅都、胡建、尹翁归、周阳由、义纵、咸宣、霍光、闳孺、暴胜之、田延年等。

周亚夫、曹襄乃功臣（周勃、曹参）之后，都从事武职；卫青、霍去病、张次公是抗匈名将；而郅都、胡建、尹翁归、周阳由、义纵、咸宣、闳孺、暴胜之都是法吏。《史记·酷吏列传》共记录11人，其中4人来自河东。

与法吏武将井喷相对的是儒学的惨淡。其时，河东地区儒家弟子未能产出一本有名的著作，只有一名五经博士，文化影响力几乎为零。

汉武帝以后新出现的军功世家，莫过于卫氏、霍氏家族。汉初，曹参以军功大臣封于河东平阳，号称平阳侯，自此平阳侯的爵位世袭而不绝。曹襄是曹参的玄孙，卫青和霍去病皆与后继的平阳侯家有着千丝万缕的关系。卫青之父郑季为河东平阳人，以县吏的身份供职于平阳侯府。郑季与公主的婢女卫媪私通，生卫青，卫青长大后，又为平阳侯的骑奴，侍奉平阳公主。而从出身经历来看，霍去病几乎就是第二个卫青。

也不知是曹氏家族善骑射的传统影响了河东风习，还是河东尚武的精神影响了曹氏家族，当然，最大的可能是两者皆有。武帝之后，全国兴起学儒的热潮，但是河东之地似乎并不热衷于此。霍去病同父异母的弟弟霍光成为汉昭帝的辅政大臣后，依旧任用酷吏。霍光死后，全族被灭，班固评价霍光"不学无术""暗于大理"，正是贬斥他不尊儒学。

然而，儒学兴盛的趋势已不可阻挡，河东人才也不得不向儒学靠拢。霍光在废立昌邑王之时，就曾在《尚书》中找到依据，于是愈发看重经术之士。

到了东汉，儒学已经不单是一门学问，而是一种新的特权。一个地方大族，如果只拥有强大的宗族基础、雄厚的财力和武装，那它只能算作"豪族"。儒学的意义就是让豪族拥有一段向上攀爬的阶梯，而不是非要在沙场拼杀才能建功立业，进入权力中心。因此，河东步入儒学轨道也是历史的必然。

东汉明帝、章帝时，选拔有经学背景的人才担任河东地方官员已成惯例。这种社会环境对河东本土人士的文化形象也产生了影响。西汉时期，河东地区尚未有官至三公高位者，东汉中期，位至三公的河东人却有两人，一个是平阳人梁鲔，另一个是解县的王卓。

此时河东的儒学大家依然寥寥无几，但是豪族的种子被文学之水浇灌已久，也该到了收获硕果的时候。

无百年积威，无名门望族

如前文所述，魏晋至隋唐的河东地区存在三个享誉天下的大族：闻喜裴氏、解县柳氏、汾阴薛氏。不过，这三大家族并非一时俱起。

汉末之际，裴氏家族异军突起，裴潜仕魏，官至尚书令，成为裴氏历史上第一个宰相。南北朝时期，天下大乱，裴氏家族不得不作出选择，于是裴氏一支徙于燕地，一支徙于凉州，一支留在故土。

进入隋唐，裴氏势力更盛。李渊父子在太原起兵之时，便得到了裴寂的助力，后来成为皇帝的李渊对裴寂说："使我至此者，公也。"李唐一代，裴氏任宰相者多达17人，官至节度使、将军、尚书等重要职位者更是数不胜数。藩镇割据时代，出身于裴氏的裴度，更是力挽狂澜于既倒，受封晋国公，可比于郭子仪。

南北朝之前，柳氏声名不显。西晋灭亡后，柳氏一支迁至汝、颍一带，一支迁至襄阳。值得注意的是，柳氏早年以勇武起家，后来为了融入南方的门阀圈层，主动由武入文。在壁垒森严的门阀社会，柳氏既有高门士族的文化素质，又有次等士族的骁勇善战，这是他们崛起的关键。

与裴氏相同，柳氏家族各支才俊出将入相，文化领域更是出现了柳宗元、柳公权这样名垂千古的人物。

与前两个家族不同，薛氏并非世居河东，而是在三国后期魏灭蜀之后才迁至晋南的。薛氏原本文化程度并不太高。后来，在河东儒风的影响下，薛氏家族通过仕宦和学术，其西祖一支在北魏完成了崛起，与河东传统的两大高门裴氏、柳氏同列为"郡姓"。

薛氏南祖一支并没有实现士族化，功业局限在军事方面，培养了薛仁贵这样骁勇善战的名将。

河东三姓崛起的轨迹有相似之处。三个与中央政权若即若离的地方豪强，通过军功进入政权，再通过文学化和学术化，跻身统治阶级上层，从而由地方性、军事性的宗族转变成全国性、政治性的士族。

但三姓崛起的时间有所不同，这足以证明一点：时代只是搭建了一个舞台，如何登台、怎样维持长盛不衰的局面，倚靠的还是氏族内在的力量。

此外，河东三姓比起南朝的门阀士族来说，多了一份质朴、尚武的精神。他们并没有因为身居高位就自居清流，放弃弓马技能，成为政治的装饰品。受儒学影响最久的裴氏，也不乏将门人才，像裴度、裴行俭等都是兼具文韬武略的儒将。

有学者指出，在中国中古时期，"惟有以血缘为基础的家族是当时社会力量的中坚"，不同地域的世家大族陆续登上政治历史的舞台，成为"中国中古社会上一股最有力量的社会势力"。

河东便是最能体现这一特点的地区。在这片极富黄河农耕文明的地区，"家庭本位"观念极其深厚。裴、柳、薛三姓各有不同房支，也都经历过多次迁徙，可谓开枝散叶至全国。到了唐朝，河东三姓已经不再是河东的三个大族，但籍贯可以改变，郡望却从未改变。

唐末以来，经济重心南移，科举制度日趋完善，名门大族失去了活跃的土壤，长盛不衰的河东三姓相继迎来了暮日。此时，在河东生息的家族，需要找到一个新的舞台。

世家何以长盛不衰

明朝初期，为抵御北方骚扰，朱元璋设立九边重镇，军需开支浩大，国家财政不堪重负。这时，山西省行省参政杨宪提出开中法，即各地客商可自行运送粮草到驻军所在地，每上缴一石粮食得盐引一张。

新的舞台出现了。

河东之地便有一个历史悠久的盐矿——运城盐池。在远古时代，这里的盐池就为人们提供食盐，春秋时期鲁国人猗顿来此地贩运食盐，成为一方大贾。元朝在盐池附近建立运城，此后河东政治中心便转移到了运城。

得天独厚的优势使山西成为响应开中法最积极的地区之一。山西人将晋南地区的粮食运往九镇，换取盐引，再将运城盐池生产的盐贩卖到全国各地。如此庞大的生意，需要值得信赖的人帮忙，这样的人要么是亲戚，要么是同乡。在这种情况下，商业和宗族很快便结合在一起，晋商团体正式形成。

河东的蒲州由此兴起了几个盐商大族，比如后来明朝内阁首辅张四维的家族。张四维的父辈通过开中法运送军需，借此发家，成为地方上颇具实力的大族。为了巩固自己的地位，张家还和蒲州另一个盐商王家联姻，由此形成了区域垄断。

在中国传统社会，商业并不能成为一个家族势力攀爬的基础，他们需要经营科举事业，以获得权力来保持繁荣。于是乎，盐商们十分注重子弟的科举功名，哪怕行商在外，也要购买典籍寄回老家供子弟阅读。

后来，张四维和他的舅父——王崇古都考取功名，走上仕途。这种出身于商人家族的士人，依托家族的雄厚财力，往往能够取得科场与官场的成功，再通过商人长袖善舞的特质与人广泛结交进入权力中心。进入中央之后，他们便可以通过手中的权力，反哺家族。据统计，嘉靖、隆庆、万历年间，蒲州一地包括张家、王家在内的三大家族考取进士之数总共有22人，占这一时期蒲州进士总数的二分之一。借由权力之手，他们从商业家族变成了科举家族。

明嘉靖年间，俺答汗遣使议和屡遭明廷拒绝。嘉靖二十九年（1550年），俺答汗率兵攻入大同、蓟镇，劫掠而去，史称"庚戌之变"，其后亦不断骚扰明朝边境。隆庆四年（1570年）九月，俺答汗的孙子把汉那吉因与俺答汗产生矛盾，于是带着亲信南逃至大同，叩关请降。当时边使认为把汉那吉无足轻重，不宜留。但时任宣大总督的王崇古坚持留之，认为其奇货可居。王崇古冒着身家性命尽丧的风险上书朝廷，请求朝廷通过与俺答汗封贡互市的方法减少北地的威胁。然而，廷臣哗然，多以为不可。

第二年，王崇古再次向朝廷上疏，建议封贡互市。明穆宗诏令群臣廷议，朝臣分为两派，斗争激烈。王崇古的外甥张四维充当了高拱与王崇古之间的联络人，积极劝说高拱，推进议和之事。之后，议和之举得到高拱、张居正的强力支持，最终成事。

封贡互市，结束了明蒙近两百年的敌对状态，之后几十年，明朝北部几乎没有爆发大规模战争。

经隆庆和议，张四维因张居正的关系得以进入明廷权力的核心层。同时，身为反对派的兵部、户部尚书一个郁郁而终，一个引咎辞职，取而代之的是山西籍官员杨博、王国光。由此，兵、户、吏三部尚书皆为晋籍官员。张四维于万历初年入内阁，并与出自陕西官商家族的礼部尚书马自强结秦晋之好，晋籍官员占据了张居正内阁班底的半壁江山。

回望历史，河东三姓曾通过武力和文学保持长盛不衰，而后来，河东世家再一次找到了新的出路——商业和科举。

随着权势转移，这些蒲州官商家族逐渐没落。此后，晋南又兴起了几个商业家族，比如清朝的皇商介休范氏，经由权力攫取了巨额财富，但最终被革职抄家。

这正印证了"三十年河东，三十年河西"，没有什么是永恒不变的。

自西汉以来，世家大族虽然和河东这片土地紧紧纠缠在一起，但似乎也只是漫长历史的一个注脚。先民的遗迹埋藏于地下，尧庙的香火飘荡在空中，家族的谱牒记录着传承和衰落。古代温暖湿润的气候造就的植被与土壤似乎消失了，唯有黄河依然在这里，可是现在的我们，究竟是在河东，还是河西呢？

参考文献

毛汉光：《中国中古社会史论》，上海书店出版社2002年版

钱杭：《血缘与地缘之间——中国历史上的联宗与联宗组织》，上海社会科学院出版社2001年版

吴钧：《河东沿革初探》，运城学院学报，2004（01）

宋杰：《魏在战国前期的地理特征与作战方略》，首都师范大学学报（社会科学版），2002（01）

赵李娜：《西汉河东郡地域风习探究》，山西大学学报（哲学社会科学版），2009（04）

崔建华：《从酷吏辈出到大族兴起——汉代河东区域文化的发展历程》，烟台大学学报（哲学社会科学版），2015（03）

张婉、张献忠：《科举、宗族与明朝政治——以张四维、王崇古、杨博家族为中心》，山东社会科学，2022（05）

第五章 人造地理

1 江南：江南地区五千年来经久不衰的因素有哪些

隋炀帝杨广最后一次南下江都，踏上了他生命的不归路。

当时，天下起义烽火四起，隋炀帝在江都别宫引镜自照，叹息道："好头颈，谁当斫之！"不久后，杨广遭到身边的大臣背叛，被缢弑于江都，隋王朝走向崩溃。

江南，筑造了大运河的千古伟业，诉说着帝王的纸醉金迷。

隋朝灭亡约四百年后，失意的白衣书生柳永醉倒在江南的烟花巷陌，他用词描绘此间风光："重湖叠巘清嘉，有三秋桂子，十里荷花。羌管弄晴，菱歌泛夜，嬉嬉钓叟莲娃……"多年后，金主完颜亮在读到柳永这首《望海潮·东南形胜》后，竟为夺取江南而派兵大举南犯。

江南，有人间天堂般的理想都市，传承千载的如梦繁华。

柳永去世约七百年后，穷困潦倒的曹雪芹时常回想起自己在江南的少年往事，那里有他至死不能忘怀的家乡。曹雪芹深感世态炎凉、盛衰无常，写成经典的古典小说《红楼梦》，将书中最怜惜的12名女子冠以故乡之名，称为"金陵十二钗"。

江南，书写才子佳人的悲欢离合，孕育不朽的传世名著。

每个人心中，都有一个"江南"。

这片世间绝无仅有的神奇土地，究竟从何而来？

吴越春秋

如果穿越到唐朝以前，与古人谈起江南，他们绝对会迷茫无措。因为他们所知的"江南"概念，与后世有所不同。在先秦至秦汉的典籍中，"江南"一词的本义指长江中下游以南、洞庭湖南北的广大区域，向南一直延伸到南岭一线，包括现今湖北、湖南、江西等省，而非后来特指的长江三角洲或太湖流域。

现在所用的"江南"概念，从唐朝设立江南东道开始形成。

在此之前，这一区域一般被称为"江东"或"江左"，因为古人以左东右西来划分地理，而此地位于长江之东。秦末项羽的江东子弟兵、汉末孙权割据江东，这些历史事件中的"江东"之地大致就是后来所说的"江南"。

远在"江南"诞生之前，太湖流域还有一个为人熟知的名称——吴越。

先秦时期，吴越地区可不是温婉动人的江南水乡，而是断发文身、民风彪悍的狂野大地。

从商朝后期开始，吴人与越人在太湖流域建立起各自的国家。

《史记》中记载诸侯国的三十世家，第一篇叫《吴太伯世家》，写的就是吴国的历史。

《吴太伯世家》被列为"世家"第一篇，是因为吴国创立者太伯和仲雍的辈分比周文王姬昌还高，他们分别是周文王祖父古公亶父的长子与次子，也就是周文王的大伯和二伯。

古公亶父除了这两个儿子外，还有个小儿子叫季历。季历从小就表现出超凡的才干，他的哥哥们也知道父亲最看好季历。于是，为了避免形成同室操戈的局面，太伯和仲雍离开了周人的属地岐山，千里迢迢南下来到太湖之畔，随后与当地人结合，繁衍后代，建立吴国。

吴国湖泊众多，气候湿热，当地居民有着与中原截然不同的生活习俗，他们剪短发，裸露半身，在身上刺上蛟龙的图案，像影视作品中的"古惑仔"一样。太伯和仲雍尊重当地人的习俗,也跟着变服易俗,得到了当地人的尊重,才被奉为吴地之主。

后来,吴王寿梦到中原朝见周天子,途中经过鲁国,看到鲁国国君展示周公时定下的礼乐制度,不禁为三代之风深深感慨,说:"孤在夷蛮,徒以椎髻为俗,岂有斯之服哉!"

在太湖的东南部,还有一个越国,他们也以"蛮夷"自居,与吴国并立,关系十分紧张。

《孙子兵法》有一处用吴越两国关系来举例,说:"夫吴人与越人相恶也,当其同舟而济,遇风,其相救也如左右手。"意思是,两个国家即便有深仇大恨,但在共同面对危难时,也应该携手合作。但是,吴越两国长期交恶,鲜有关系和谐的时刻。

从太伯奔吴到春秋中后期,吴越的相关史料极少,两国僻居东南一隅,与中原诸国鲜少来往,周王室也很少想起吴国这个远房亲戚。

到了春秋后期,吴越以一段跨越两代人的恩怨走入历史,并打破了长期的孤立状态。

吴王阖闾堪称一代雄主,他刺杀吴王僚夺位后,重用楚国人伍子胥与齐国人孙武,掀起一场轰轰烈烈的变革,确立了"立城郭、设守备、实仓廪、治兵库"的施政方略。强盛之后,他带兵西进,打败了强大的楚国,并一度占据了楚都。

吴国的崛起是惊动列国的大事件,甚至改变了天下的格局。楚国被吴军攻打得几乎灭国,不得不向秦国求助,才迫使吴国撤军。之后,另一个强国齐国为了与吴国交好,主动派使臣前往攀附。

随着吴国"西破强楚,北威齐、晋",中原诸国终于注意到吴国这股强悍的战斗力。

正所谓"骄兵必败",吴王阖闾在大举伐楚后,又挥师攻打越国,结果吃了大亏。

当时新即位的越王勾践有勇有谋，他下令赏赐一群死罪刑徒的家人，随后命这些死罪刑徒组成敢死队，在与吴军交战时令其为前锋，当场自刎，以此震慑对方。吴军一下子大受惊骇，他们没想到越人竟勇猛如斯。结果，吴军遭到越军后续部队的猛攻，吴王阖闾也在战败撤退时被越军砍中脚趾，不久后伤重而亡。

之后，争霸的主角成了阖闾之子夫差与越王勾践。

夫差即位后励精图治，为报父仇，日夜操练军队，终于一雪前耻，横扫越国，打得越国山穷水尽几乎亡国。而越王勾践被俘后，也不甘失败，一直韬光养晦、卧薪尝胆，十年后，他利用夫差麻痹大意的时机，出兵反攻，打败夫差，取代吴国成为霸主。

吴、越两国是迟来的霸主。春秋末年，吴王夫差与越王勾践先后北上会盟诸侯，使得历史的重心一度从中原转移到江淮。他们建立的霸业都十分短暂，却让中原从此不敢轻视吴越，也使江东子弟战斗力无穷的形象名垂青史。

六朝以前，江东长期为荒蛮之地，"无积聚而多贫"，物质财富匮乏，故为求生自保，当地民风多强悍尚武。

秦末乱世，避居吴县的楚人后裔项羽随叔父起兵，带领江东子弟北上，逐鹿中原。

《史记》形容项羽"长八尺余，力能扛鼎，才气过人，虽吴中子弟皆已惮籍矣"。这里说的是项羽威震天下的勇猛形象，同时也表明江东子弟尚武好斗，连他们都臣服于项羽，更能体现项羽的勇武。

自江东起兵后，吴中子弟如影随形，跟着项羽屡立战功。直到垓下四面楚歌，项羽打了人生难得的一场败仗，江东子弟兵仍然拼死作战，最后只剩下一百多名壮士护送项羽渡过淮河。

看着手下将士一个个倒下，项羽不愿独自过江回吴中东山再起。项羽说，他无颜面对江东的父老乡亲，便自刎于江边。

世人常言，燕赵多慷慨悲歌之士，江东何尝不多轻锐敢死之士呢？

江东大族

江东风气从尚武到尚文的嬗变，要从六朝说起。

所谓六朝，是指汉朝以后，定都江东的六个朝代——三国吴，东晋，南朝宋、齐、梁、陈。

六朝皆以今南京为都。古称"金陵"的南京，在江东书写了六朝古都的风流往事，这一时期的南京，被认为是与罗马并称的"世界古典文明两大中心"。

在长江、秦淮河的怀抱，以及钟山、石头山的拱卫下，南京一带形成"龙蟠虎踞"的格局。据说，诸葛亮曾路过南京，观察一番后说："钟阜龙蟠，石城虎踞，此乃帝王之宅也。"

这一时期，中国气候出现了由温暖转向干冷的变化，南方地区逐渐摆脱了"江南卑湿，丈夫早夭"的偏见，成为适宜居住的鱼米之乡。

东汉末年，孙氏政权凭借强悍的武力入主江东后，发现江东居民大多数已经汉化。江东吴郡出现了以顾、陆、朱、张为首的世家大族，在地方上享有极高的威望与话语权。

吴主孙权为了巩固统治地位，一改其兄长孙策时期的高压政策，与江东大族达成和解，通力合作。孙权于外与曹、刘两家纵横捭阖，在内制衡江东大族，使孙吴得到平稳发展。老谋深算的他也成了汉末三国时期执政时间最长的一位君主。

孙吴政权立足于江东，以吴都建业为中心的长江下游经济持续发展，逐渐繁荣富足。西晋文学家左思在《吴都赋》中如此写道：

"其四野，则畛畷无数，膏腴兼倍……煮海为盐，采山铸钱。国税再熟之稻，乡贡八蚕之绵……富中之甿，货殖之选。乘时射利，财丰巨万。"

经济崛起，往往伴随着文化兴盛。

西晋统一全国后，孙吴名将陆逊的孙子陆机、陆云（合称"二陆"）北上，来到洛阳，迅速跻身中原文化圈。当时的文坛领袖张华说："伐吴之役，利获二俊。"意思是，西晋灭吴最大的收获，就是这两个青年才俊。

"二陆"北上入洛，虽然使江东士族的文风名扬天下，但中原世家大族仍然对江东文人充满歧视，在他们看来，江东依旧是一个落后的地方。

有一次，陆机、陆云兄弟去参加中原士人举办的文化集会。出身范阳卢氏的尚书卢志当着众人的面问陆机："陆逊、陆抗是你的什么人啊？"陆逊、陆抗是江东陆家的名人，也是"二陆"的祖父和父亲，卢志应该知晓他们与"二陆"的关系。卢志在大庭广众之下直呼"二陆"父祖名讳，其实是一种公开羞辱。

但陆机不落下风，也用卢志长辈的姓名回答，说："就像您与卢毓、卢珽的关系一样。"

后来，中原局势混乱，善于结交权贵的陆机、陆云受到牵连，死于八王之乱。

这场动乱导致西晋国运迅速滑落，之后爆发永嘉之乱。"雒阳荡覆，衣冠南渡"，大量中原士民南下避乱，给中原带来无尽的哀伤，也给江东带来新的机遇。

学者范文澜说："东晋南朝时期，长江流域开发出来了，使隋唐封建经济得到比两汉增加一倍的来源；文化事业发展起来了，使隋唐文化得到比两汉提高一层的凭借。"

晋室南渡后，南北士族在江东共居一地，南北文化的隔阂逐渐消失。曾经被鄙视为"蛮夷"之地的江东，承接魏晋风骨，已然成为中华文明的传承地。

经过三百多年的南北对峙，589年，隋文帝杨坚派兵灭南朝陈，缴获了南朝的清商乐。这是一种继承自先秦雅乐的乐舞。杨坚听完演奏，兴奋地说："此华夏正声也！"

此后，一条千里运河从江南出发，沟通南北，贯通古今，昭告着属于"江南"的时代到来了。

腰缠十万贯，骑鹤上扬州

隋炀帝杨广是一个充满争议的皇帝，他在位期间，不恤民力大行征伐，骄奢淫逸不事朝政，不可避免地葬送了江山。

然而，隋炀帝并非全无功绩，他对后世影响最深远的举措之一，便是开凿大运河。

隋炀帝征发两淮数百万民众，开通连接黄河与淮河的通济渠，挖通连接涿郡的永济渠，疏通连接淮河、长江的古邗沟与江南运河。这几段运河，与隋炀帝的父亲隋文帝在位时开凿的广通渠与山阳渎，以及后来的广济渠，构成了隋唐大运河。

在传统农业社会中，最高效的运输方式就是水运。

隋唐大运河在神州大地上呈现为一个横向的"人"字。它的一撇贯通隋唐帝国的核心区域关中与日益富庶的长江三角洲，一捺伸向北境的幽燕之地，而一撇一捺交会处的洛阳，是杨广心心念念的东都，大运河与长江交汇的江都，则是他魂牵梦绕的归处。

隋朝历史在隋炀帝的暴政中落下帷幕，但大运河经过历朝历代不断疏浚，河水不断来往奔流，一直发挥着南北动脉的作用。

隋炀帝遇弑两百多年后，唐朝诗人皮日休站在大运河边，为这个遭受骂名的暴君与眼前的千古工程说了几句公道话，作诗曰：

第五章 人造地理　177

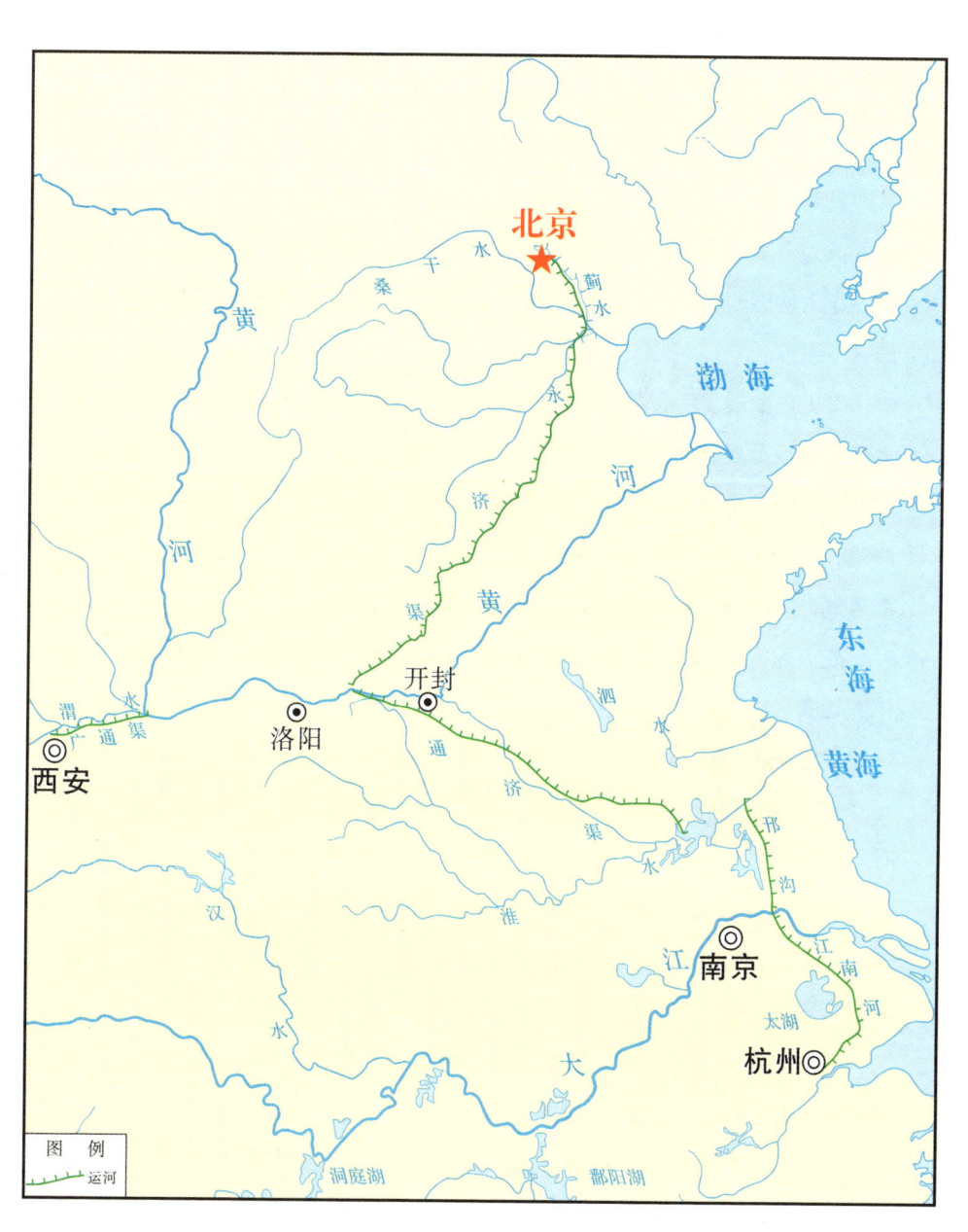

图 5.1　隋唐大运河地图

尽道隋亡为此河,至今千里赖通波。

若无水殿龙舟事,共禹论功不较多。

直到唐朝,我们熟知的"江南"的概念终于形成,以扬州为中心的江南地区成为全国重要的经济中心,江南物资通过大运河源源不断地流向中原。

作为盛唐的转折点,历时八年的安史之乱,也是一个改变江南经济地位的重要事件。

安史之乱爆发后,叛军的进军速度让唐朝措手不及,洛阳、长安两京先后被安史叛军攻破。此后数年,双方在中原展开激烈争夺,历来被唐朝当作政治中心的关中与河洛惨遭兵燹之祸,城市、良田付之一炬,很多地方人烟断绝,千里萧条,帝国主要的赋税来源——三河(河南、河北、河东)、淮泗等地,"太仓空虚,雀鼠犹饿。至于百姓,朝暮不足"。

战火弥漫之际,安史叛军欲将魔爪伸向江南,调转兵锋直指淮泗一带,试图切断大运河的运输线。

危急关头,唐朝名将张巡率领部下与安史叛军进行了惨烈的睢阳之战。孤军奋战的张巡凭借数千兵力多次击退兵力强盛的叛军,挡住了其南下的步伐。睢阳是江、淮屏障,守住睢阳,也就守住了长江以南的广大地区。直到最后,睢阳城中粮草用尽,张巡的军队甚至"罗雀掘鼠,煮铠弩以食"。

尽管睢阳最终城破,但张巡的苦守,不仅牵制了叛军大量的兵力,还使安史叛军无法攫取江南的物资,"唐全得江淮财用,以济中兴"。

安史之乱中,中原地区备受摧残,而江南再度成为移民避乱的去处,如《旧唐书》记载:"两京蹂于胡骑,士君子多以家渡江东。"

有了人口,也就有了更多财源。安史之乱后,藩镇拥兵自重,中央朝廷难以掌握中原地方的财赋,于是,江南成了中晚唐时期重要的财赋来源,所谓"当今赋出于天下,江南居十九"。

隋唐大运河在拯救大唐国运的过程中,扮演着重要的角色。扬州得益于位处运河、长江交汇地带,成为财富汇聚之地、大唐的经济中心,号称"扬一益二",即长江下游的扬州经济总量排第一,长江上游的益州(今成都)第二。

当时有一句民谣说:"腰缠十万贯,骑鹤上扬州。"

这句话蕴含着一种价值取向。当时,扬州为一线城市,到扬州当官,自然是官场得意。"腰缠万贯"形容财富,"骑鹤"则比喻得道升仙。这句话最早用来讽刺人的欲望膨胀,升官、发财、升仙三者都想兼备,从中也可看出扬州商品经济发达,因此唤醒了人的纵欲主义。

唐宋以后,江南的风气也在悄然转变,偏向柔弱,变得"趋文重商",文化上重儒习艺、耕读传家,经济上工商业发达、城市经济繁荣。

文人到江南,时常流连忘返。

唐朝诗人白居易曾在苏州、杭州为官。他在杭州期间修理西湖井,修筑湖堤,扩大了西湖的蓄水量。平日里,他坐着画舫,乘着酒意,在江湖之间巡游,观赏江南莺燕呢喃、水云缠绵。

多年后,白居易回到北方继续做官,身在洛阳,仍心念江南,为此写下了《忆江南》三首:

江南好,风景旧曾谙。日出江花红胜火,春来江水绿如蓝。能不忆江南?

江南忆,最忆是杭州。山寺月中寻桂子,郡亭枕上看潮头。何日更重游?

江南忆,其次忆吴宫。吴酒一杯春竹叶,吴娃双舞醉芙蓉。早晚复相逢?

上有天堂，下有苏杭

两宋时期，随着经济重心继续南移，江南经济、文化进一步繁荣。对此，北宋学者李觏直言道："当今天下，根本在于江淮。"

李觏发现，杭州、苏州、京口（今江苏镇江）、扬州、金陵等江南市镇，不仅将南方的物资、财富源源不断地运往北方，同时也为北方输入了江南的人文习俗，而当时北方在物质文化上对南方几乎没有什么回馈，所谓"不闻有一物由北来者"。

江南名城苏州、杭州更是并称"上有天堂，下有苏杭"，这一称谓出自范成大在文章中引用的谚语："天上天堂，地下苏杭。"

碧波荡漾的湖泊、古色古香的园林、云雾缭绕的山峰与绿意盎然的苍松翠竹，如此种种印在人们的脑海中，使江南成了诗情画意的代名词。

在北宋一次科举放榜的名单上，"深斥浮艳虚薄之文"的宋仁宗看到了柳永的名字，说："此人风前月下，好去浅斟低唱，何要浮名？"于是把柳永的名字划掉了。后来听别人举荐柳永，宋仁宗也毫不客气地说："且去填词。"

此前，柳永所作的词《鹤冲天·黄金榜上》有一句为："忍把浮名，换了浅斟低唱。"

正是这一句，惹恼了宋仁宗。

出身仕宦之家的柳永只好"奉旨填词"，当了一段时间的专业词人，成为大宋词坛创用词调最多的词人。他的作品流传甚广，很受歌妓喜爱，被时人称赞为："凡有井水处，皆能歌柳词。"

科场失意的柳永长期流寓江南，江南的城市风景、湖光山色成为他词作的主要内容。他写杭州，"烟柳画桥，风帘翠幕，参差十万人家"（《望海潮·东南形胜》）；写苏州，"万井千闾富庶，雄压十三州。触处青蛾画舸，红粉朱楼"（《瑞鹧鸪·吴会风流》）。

多年后，柳永病逝，家无余财，平时与他相识相知的歌妓们出钱将他安葬。之后每年春季，歌妓们都会去祭拜柳永，称为"吊柳七"。

随着经济文化的崛起，江南地区人文荟萃、书院林立，兴起了一股崇文重教之风。

北宋教育家胡瑗是江南兴办书院的关键人物。他年少聪颖，被视为奇才，却7次应试不中，于是在40岁时放弃科举，返回故乡江苏泰州，靠讲授经学度日。

范仲淹到江南为官时，听说胡瑗的贤名，请他到苏州开办郡学，担任教席，也就是主讲教授，还把自己的儿子也送去当胡瑗的学生。之后，胡瑗接受朝廷任命，先后在苏州、湖州兴办书院，采用"分科教学"的方式教育学生。

在湖州办学期间，胡瑗说："致天下之治者在人才，成天下之才者在教化，职教化者在师儒，弘教化而致之民者在郡邑之任，而教化之所本者在学校。"

胡瑗创立的这一套教学方法，史称"苏湖教法"。在他之后，江南办学之风大为兴盛，江南成为天下书院最为密集的地区之一，同时也孕育了一批名垂千古的文化家族。

南宋建立后，经过几番辗转，定都临安，这里也随之成为当时中国最大的商业中心，集长江、钱塘江、大运河与海上交通的集汇枢纽于一身。

到了元朝，杭州是马可·波罗口中"世界上最美丽华贵之天城"。江南的商贸业乘着宋元发达繁荣的贸易春风，向海内外拓展。

从波罗的海到太平洋，从西伯利亚到波斯湾，在横跨欧亚世界的航线与商路上，几乎无人不知苏、杭的名号。在一本14世纪的意大利小册子上，一个从顿河河口塔那出发的商人写道："往来于这条大道的商人们说，无论白天还是黑夜，在塔那到中国的路上行走，是绝对安全的。"

据统计，元朝时，江浙行省的人口密度为全国之首，江浙行省征收的粮食数额几近全国的一半。从宋朝开始就有这么一句谚语:"苏湖熟,天下足",意思是太湖流域的苏州、常州、松江、湖州等府县丰收,便足以供养天下。

江南,江南

明清时期,江南文化经过千百年来的飞速发展,逐渐走向成熟。

清初,苏州人汪琬在京担任翰林院编修,有一天跟同僚聊起了家乡的特产。众人都在夸耀家乡的特产,轮到汪琬了,只见这位进士出身的江南文人缓缓道:"我们苏州的特产只有两样,一为梨园子弟,二为状元也!"

汪琬这话可没有吹牛。据学者统计,从唐朝晚期到清末科举制度废除,整个苏州六县(苏州、吴县、常熟、吴江、昆山、太仓),共产生了45位状元,数量为中国城市之最。中国有史记载的科举状元一共也就600位,苏州一个城市,就独占了7.5%,不愧为状元之乡。

历数中国古代有籍贯可查的状元,出状元最多的,首先是江苏,其次是浙江。对此,历代的说法是"天下英才尽出东南"。

明清时期,江南文化大家辈出。

出自吴地的沈周、文徵明、唐寅和仇英,并称为"吴门四家",他们的书画为后世留下了一笔珍贵的艺术财富,至今仍是无价之宝。

江南地区的通俗文学在市民阶层广泛流传,苏州人冯梦龙、乌程人凌濛初、如皋人李渔等,都留下了各自的代表作。家道中落的曹雪芹,以家族在南京的兴衰荣辱为原型,创作了千古名著《红楼梦》。

明末三大思想家中,反对君主专制的黄宗羲、主张经世致用的顾炎武,都曾活跃于江南,他们是东方的微光,在时代的壁垒中砥砺出思想的锋芒。

还有一种说法认为,江南是中国最早出现资本主义萌芽的地区。

遗憾的是，中国历代王朝大多实行重农抑商政策，在城市经济、民间工商业迸发出勃勃生机的同时，商人却遭到长期贬抑。所谓的资本主义发展，只能长期止步于萌芽的状态，难以长成参天大树。

近代以后，西方列强的坚船利炮打开了中国紧闭的大门，中国人为救亡图强开始了漫长艰辛的探索。

江南地区，也进行了新一轮的洗牌。

1843年，上海开埠。凭借靠近长三角这个商品产源地和销售地的地理区位，以及进入海洋时代后天然的港口优势，曾为江南小城的上海实现了"逆袭"。

尤其是太平天国运动时期（1851—1864年），包括苏州在内的整个长三角陷入战乱，大量人口和产业纷纷迁移到上海租界内避乱，促成了江南城市群中心城市的迁移。在开埠之前，曾为小县城的上海长期被当作苏州的"卫星城"，被称为"小苏州"，到了20世纪初，苏州则反过来被称为"小上海"。

在长达一个世纪的时间里，上海从籍籍无名的长江河口城市，跃居为大都市，成为中国的国际贸易、航运、金融中心，"海派文化"应运而生。

对此，日本著名东洋史学者宫崎市定指出："事实上，近现代上海的繁荣，无非是以太平天国为契机，苏州的繁荣转移过来的结果。与此同时，苏州的风气也转移到上海来。上海并非突然出现的，其历史背景即是苏州的存在。"

上海，继承了江南千百年来的经济文化底蕴，又海纳百川、包容万物，成为江南三千年发展的终极产物。

江南如此多娇，千年万岁依然风华绝代。

参考文献

[汉]司马迁：《史记》，中华书局2019年版

[汉]赵晔：《吴越春秋》，中华书局2019年版

[唐]房玄龄：《晋书》，中华书局1996年版

[后晋]刘昫等：《旧唐书》，中华书局1975年版

[宋]司马光：《资治通鉴》，中华书局2011年版

浙江省社会科学院：《浙江通史》，浙江人民出版社2005年版

邹逸麟：《中国历史地理概述》，上海教育出版社2005年版

宋林飞：《江苏通史》，凤凰出版社2012年版

沈骅：《江南文化十六讲》，武汉大学出版社2017年版

李伯重：《简论"江南地区"的界定》，中国社会经济史研究，1991（01）

2 西域与丝绸之路：为什么每个朝代都想收服西域

说起"一带一路"，就不得不提起一位1600多年前的僧人。

这名高僧法号"法显"，虽然知名度不及后来西行的唐玄奘，但他也做了一件了不起的事。

法显60多岁时，与几个僧人一起从当时后秦统治的长安出发，走陆路前往佛教发源地天竺。他们沿途穿越河西走廊，进入塔克拉玛干沙漠，翻过帕米尔高原，历经九死一生，才到达万里之外的印度半岛。

在翻越小雪山（今阿富汗萨菲德山脉）时，一个僧人在风雪之中精疲力竭，自知难以坚持，他告诉法显："我已经不行了，你继续前进，不要与我一同死在这里。"旅伴死后，法显抚尸痛哭，随后忍着悲痛翻越山岭。

这条古老的道路，不知已埋葬多少旅者。

到达天竺后，法显游历20余国，数年间一边学习佛法，一边打探返回中原的路。

他没有再走陆路，而是改走海路。

411年，法显在当地商人的帮助下，登上东归的商船，以南海沿岸的广州为目的地，途经师子国（今斯里兰卡）与爪哇岛等地。

意外的是，风吹浪打之下，船只逐渐偏航，比预计时间晚了3个月才靠岸，航线早已绕过了广州，险些陷入断粮危机。上岸后，法显向当地猎人询问，才知到的是青州长广郡牢山（今山东青岛崂山）。

这是中国僧人首次前往印度取经求法，法显成为有史可考的第一个环游中国与印度的旅行者。

更难得的是，法显的往返旅程，分别途经陆上丝绸之路和海上丝绸之路，印证了"一带一路"的悠久历史。

回到故土时，法显已经是一位70多岁的老人了。

丝绸之路

最早为丝绸之路命名的德国地理学家李希霍芬，将张骞出使西域作为丝绸之路开辟的起点。

张骞通西域后，陆上丝绸之路形成了两条比较固定的路线，即中道与南道（唐朝以后，从河西通往哈密的北道也逐渐成熟）。

一般来说，汉朝丝绸之路从长安出发，经过关中平原，进入河西走廊，至河西四郡之一的敦煌。由敦煌出玉门关，越过古籍中多有记载的白龙堆沙漠，穿过古罗布泊，即可到达西域著名的楼兰古国。

根据后来法显高僧的记载，罗布泊是西域行程中最艰难的路段。沙河中经常有"恶鬼"横行，热风肆虐，行人只要碰上就必死无疑。这里的天空无飞鸟，地上无走兽，想要找到一条走出去的道路，只能以沿途的死人枯骨为路标。有学者推测，法显听到的"鬼语"可能是大漠风沙的声音。

到楼兰后，丝绸之路分为两条路线：

一条路向西南，为南道，到达塔里木盆地南部边缘，沿着昆仑山北侧西行。

一条路向西北，被称为中道，从塔里木盆地北部边缘，沿着天山南麓前行。

张骞与无数行走在这些道路上的商贾、使者、士卒、僧众，都是丝绸之路的开辟者。

张骞的早年事迹，史书上没有记载，只知道他作为郎官（宫廷侍从），于公元前139年响应汉武帝的征召，出使西域，欲寻找西迁的大月氏，以夹击匈奴。

张骞出使时，河西走廊与塔里木盆地一带处在匈奴的控制之下。张骞一行人刚出陇西，就遭遇匈奴大军，被匈奴人扣留。匈奴人将张骞软禁起来，还命他与"胡人"女子结合生育后代。

但张骞一直没有忘记自己的使命，无论匈奴人如何控制与引诱，他都没有交出代表汉朝使者身份的符节。就这样，他被匈奴扣留了10余年，后来终于找到机会逃跑，继续西行，寻找大月氏。

当张骞历经千辛万苦，终于在阿姆河畔找到大月氏的移民时，这些大月氏移民却已经放下对匈奴的仇恨，不愿与汉朝结成军事联盟。

历史充满了偶然性。

张骞第一次出使西域，并没有完成他的使命，但此行却有意外收获。

张骞归国后，不仅向汉武帝汇报了天山一带西域三十六国的情况，还使汉朝了解到帕米尔高原（古称"葱岭"）以西的大宛、康居、大月氏、大夏等中亚诸国的风土人情。

他在大夏时，从当地人口中得知汉帝国的西南方向有一个叫身毒（今印度）的古老国度，还发现了产自大汉蜀地（今四川）的邛竹杖与蜀布。

张骞问当地居民："你们是如何得到这些物品的？"

大夏人告诉他："这些都是从南方的身毒运来的。"

因此，张骞推测，在大汉的西南方有一条由蜀地通往身毒国再转至大夏的道路。

汉武帝听说此事后，派人从西南方向寻找前往印度的道路。这次探索将云贵高原一带的西南夷纳入汉朝的统治，也发现了从云贵高原通往印度的"夜郎道"。

这就是南方丝绸之路的东线。

历史上,丝绸之路并非只有从河西走廊通往西域的路线,还同时存在其他几条不同地区的道路。

高纬度地区的草原丝绸之路,是游牧民族迁徙的通道。

这条道路从黄河中游出发,北上蒙古草原,越过阿尔泰山脉,进入哈萨克草原,通往黑海岸边。世界史上著名的雅利安人东迁、匈奴西迁,都发生在草原丝绸之路上。

比草原丝绸之路年代更久远的玉石之路,是丝绸之路的前身之一。

这条路线从古老的中原向西延伸至昆仑山一带。安阳殷墟发现的商王武丁(公元前13世纪)之妃妇好的墓中,就有许多产自新疆和田的玉石,即昆山之玉,为玉石之路的存在提供了实证。

张骞出使西域时,也发现塔里木盆地南缘的于阗国(在今新疆和田)多玉石。

尽管第一次出使未能说服大月氏与汉结盟,但张骞归汉后,根据自己对西域的了解,向汉武帝建议与天山北麓伊犁河谷地区的游牧民族乌孙结盟。

于是,公元前119年,汉武帝派张骞率领三百人的使团第二次出使西域,前往伊犁河流域的乌孙。

不承想,乌孙人也犹豫不决,并未答应汉朝的联盟要求,只是派使者随张骞还朝,答谢汉武帝。

张骞到达乌孙后,又派遣副使分别访问了大宛、康居、大月氏、大夏、安息、身毒等国。张骞第一次出使时已经知道中亚诸国"其地无漆、丝",因此第二次出使西域时,他请朝廷准备了大批名贵的丝绸作为给沿路各国的赠礼。

对此,《汉书》记载,张骞使团所带礼品"牛羊以万数,赍金币帛直数千巨万,多持节副使,道可便遣之旁国"。

这是第一批有记载的丝绸之路西传的中国丝绸。远方的国度在见到张骞的使团后,由衷感受到大汉国力强盛,物资丰饶。

汉朝史学家司马迁在《史记》中描写张骞通西域这一历史事件时，用了一个生动的词——凿空。

东西之路

在汉朝的西行之路被匈奴人阻断前，西方的希腊人已经开始了对东方的探索。

公元前4世纪，亚里士多德的学生、马其顿国王亚历山大统一希腊全境后，挥师东进，横扫西亚、中亚，将希腊文明的影响推进到天山和吉萨尔-阿赖山之间的费尔干纳盆地。

亚历山大的军队一度横穿阿姆河，攻占了中亚的核心区域——今乌兹别克斯坦的撒马尔罕。

但世事难料，这位"永远把目光投向远方"的征服者，在东征班师不久后就去世了，他的军队没能继续向东探索，与当时正处于战国时期的中国擦肩而过。此后，亚历山大的帝国分崩离析，希腊文明也逐渐退出中亚。

汉武帝时，张骞到达的中亚正处于亚历山大之后的希腊化时代。

随着汉朝使者的到来，大汉取代早已解体的亚历山大帝国，向中亚输送中华文明。

东西方两大帝国在中亚争夺话语权与影响力，这样的局面将在此后的东西方关系中不断上演。

随着丝绸之路的开辟，欧洲人开始在文献中留下关于中国的痕迹，他们称这个东方的古老国度为"赛里斯国"，意思是丝之国。

当罗马贵族身披来自东方的珍贵丝绸观看斗兽表演时，古罗马诗人维吉尔用他的诗句描绘了想象中的东方幻境："赛里斯人从他们那里的树叶上，采集下了非常纤细的羊毛。"

当时的罗马人不知道丝绸产自食桑为生的蚕，于是幻想出一幕"树上抽丝"的童话故事。

大汉帝国也渴望了解更遥远的西方。

张骞通西域200多年后，东汉使者甘英接受西域都护班超的任命，沿着天山南麓西行，越过帕米尔高原，进入两河流域，一路来到波斯湾海边。

一般认为，甘英此次西行，是为了寻找通往大秦（罗马帝国）的道路。但正当他准备渡海时，船上的安息水手阻止了他。

安息水手说，通往大秦的海路极其遥远，如果遇到逆风，常常要两三年才能抵达，因而入海者至少要准备3年的粮食，且海中有能令人产生思慕的妖物，一旦碰见，就会在思念故土中悲伤发狂，坠海而亡。

有学者认为，安息人吓唬甘英的这个故事，原型就是希腊神话中的海妖。

安息，也称帕提亚王国。这个几乎与秦汉同时期的西亚强国，位于罗马帝国与汉帝国之间，长期垄断丝绸之路，牟取了巨额利润。出于自身利益考虑，他们也不愿意让罗马与大汉这两个生产国与消费国直接联系。

史载，安息水手说完，甘英"闻之乃止"。

从长安到罗马，丝路绵延上万里，但在浩瀚的大海边，东汉使者距离罗马帝国不过一步之遥。

交换之路

丝绸之路的开辟，带来了世界史上的第一次中西物品大交换。

张骞出使西域后，不仅中国的丝绸大量向西流通，原产自中国的桃、杏、梨等水果也被商人带到了西亚和印度。

汉武帝对丝绸之路上的外来事物充满好奇，特别是大宛（在今费尔干纳盆地）盛产的好马，他称赞其为"天马"。据说，大宛马跑起来会流出像血一样的汗液，故也称"汗血宝马"。

汉武帝多年来北伐匈奴，需要良马作为重要的军事资源，他听张骞说大宛出产良马后，便派出使者到大宛国的贰师城（在今吉尔吉斯斯坦西南部奥什）交易，想换取当地的汗血宝马。

但是，大宛人不愿献马，每次都以其他地方的劣种马来代替。甚至当汉武帝命人抬着黄金做的马与大宛人交易时，大宛国王仍然不答应，汉使当面砸碎了带来的金马，并出言羞辱大宛王。

大宛人气急败坏，舍不得良马也就罢了，随后更是鬼迷心窍，竟然在汉使回国的路上设下埋伏，将其截杀。

听说汉使被杀，汉武帝勃然大怒，派宠妃李夫人的哥哥李广利率军西征大宛。李广利的称号"贰师将军"就源自这场夺取良马的战争。

但汉武帝的这个小舅子李广利，打仗明显不如之前那位叫卫青的小舅子。由于丝绸之路上缺乏补给，他率军到达大宛时，数万人的军队只剩下几千人，被大宛人重创追击。

李广利只好退守敦煌，兵马只剩下出发时的十分之一。汉武帝得知后，派使者拦守玉门关，下令汉军有入关者斩。李广利吓得留驻敦煌。

第二年，汉武帝又召集6万士卒，让李广利将功赎罪，再次从敦煌出兵，征讨大宛。

这一次，李广利吸取教训，从丝绸之路上的小国强征补给，一路杀到大宛都城。虽然在长途进军的过程中，汉军损失过半，但大宛的军队也分散在各地，对此来不及防御。李广利率军将大宛都城包围40多日，截断城中水源，迫使大宛投降。

此后，大宛同意每年向汉朝进贡良马，换取汉朝的大量赏赐。在付出惨重的代价后，汉武帝总算如愿以偿地得到汗血宝马。

大宛人专门用来喂马的草料苜蓿，也随着丝绸之路传向东方。

苜蓿是世界上分布最广、栽培历史最悠久的牧草。张骞出使西域时，曾在沿路诸国看到大片种植的苜蓿,并带回了苜蓿种子。最晚到北魏时期,苜蓿被推广种植到黄河中下游,成为饲养牛马的重要草料。

与此同时,一些西域特产的果蔬植物,也自西向东传入中原,如胡桃、胡豆、胡麻、波斯枣、安石榴等。

东晋十六国时期,北方后赵的统治者石虎十分喜爱这些从丝路上运来的西域水果。

史书记载,石虎动用16万名男女劳工,用车万乘,运土在邺城修建了一座华林苑,引漳水入园,种植西域植物。园中有"西王母枣,冬夏有叶,九月生花,十二月乃熟,三子一尺",还有"子大如盂椀"的安石榴树。

乱世之中,中原大地支离破碎,新的信仰在丝绸之路上传播。

信仰之路

张骞通西域后,佛教经由丝绸之路传入中国。发展到魏晋南北朝时,成为多个政权尊崇的"国教"。

随着统一王朝覆灭,帝国失去无上权威,儒家所建立的"天人合一"理论濒临破产。上至君王,下至百姓,都需要新的信仰来改变压抑的心理状态。从西域传来的佛教,恰好可以抚慰乱世中流离失所的心灵。

这一时期,丝绸之路上涌现了许多高僧。

除了前文所说的环游陆上丝绸之路与海上丝绸之路的法显,还有安息人安世高、天竺贵族出身的鸠摩罗什等。

鸠摩罗什从小在西域的龟兹(今新疆库车一带)修行,声名远播至长安。

前秦的君主苻坚听闻后,认为鸠摩罗什是上天派来辅佐他的大德之人,于是派大将吕光等人出兵西域。军队出发前,苻坚特意嘱咐吕光:"我听说西域有个高僧叫鸠摩罗什,乃国运之大宝。你攻克龟兹后,要立刻把他请来。"

吕光沿着丝绸之路出发后,苻坚却在383年与东晋的淝水之战中惨败。淝水之败不仅使苻坚一统南北的愿望破灭,也使前秦走向崩溃,鸠摩罗什也就没能到长安给苻坚传经。鸠摩罗什在凉州滞留了十多年,直到后秦姚兴即位,才被迎到长安,得到国师般的礼遇。

鸠摩罗什入关来到长安的时候,法显正通过丝绸之路,一路西行。

前秦远征军从西域带回的龟兹乐与葡萄酒等奇珍异宝也得以传播,并在之后的隋唐时期大放异彩。

唐朝初年,一位法号玄奘的年轻僧人沿着丝绸之路,踏上了追寻信仰的道路。

贞观初年,凭借玄武门之变称帝的唐太宗李世民正为巩固政权焦头烂额,突厥人的侵扰更让他雪上加霜,并且中原粮食产区遭受霜害,出现灾荒。于是,唐太宗下令灾民"随丰四出",允许他们迁徙到各地,自谋出路。

玄奘藏在人群中向西而行,但他不是为了逃荒,而是要前往天竺,专研佛学,求取真经。但当时,为了避免边境百姓与突厥勾结,朝廷对出境实行严格限制。

玄奘到达河西后,申请"过所"(通关文牒)失败,于是决定通过非法途径偷渡出关。

当时,楼兰古城已经废弃,从唐朝瓜州的玉门关通往西域,可向西北穿过被称为"莫贺延碛"的戈壁沙漠,到达伊吾(今新疆哈密),再向西沿着天山行进。这条道路即丝绸之路北道。

玄奘偷渡玉门关后,在莫贺延碛遭遇了旅程中的第一次险情。这片戈壁只有5个烽火台,每个烽燧下有泉水,是这条路上唯一的补给。玄奘却不幸迷了路,装水的皮袋也不知何时失手掉落。

他在绝望中，忍着饥渴走了5天5夜，险些丧命，总算找到水源，得以活命。

玄奘后来回忆起这段经历，说："此等危难，百千不能备叙。"

幸运的是，玄奘到达位于吐鲁番的高昌后，得到了高昌国王麴文泰的资助。麴文泰是一名佛教徒，后来多次违抗唐朝，被唐太宗派兵讨伐，惊吓而亡，其子降唐。

正是有了麴文泰的帮助，玄奘才得以继续他的旅程。热心的高昌国王不仅派了4名小沙弥和25个仆从护送玄奘西行，还写信给丝绸之路上高昌以西的24国，请他们协助玄奘，其中包括西突厥。

玄奘一行人继续西行，在翻越天山时遭遇雪崩（玄奘称之为"暴龙"），死伤惨重。到达今吉尔吉斯斯坦境内的伊塞克湖时，玄奘的同伴已经所剩无几。

长途跋涉5万余里后，玄奘终于到达天竺。在天竺，玄奘游学各地，在佛教中心那烂陀寺逗留最久，苦学多年。

戒日王多次挽留玄奘，但玄奘没有忘记初心，他学成之后，谢绝戒日王的好意，起身东归。

玄奘没有像法显一样取道海上，而是继续走陆上丝绸之路，沿着丝绸之路回到敦煌，进入玉门关。

贞观十九年（645年），当玄奘回到长安时，唐太宗没有追究其私往天竺的罪行，而是亲自召见，还为其举行了盛大的欢迎仪式。此后，玄奘的旅行见闻被写成《大唐西域记》。

唐朝统治者对宗教十分宽容，尽管他们自诩为老子（李耳）的后裔，尊崇道教，但大部分时间仍优待佛教。此外，摩尼教、景教（基督教聂斯脱利派）也通过丝绸之路东传入华。

战争之路

大汉与罗马的相遇戛然而止后,便各自走向消亡。

395年,罗马帝国分裂为东罗马帝国和西罗马帝国,这一年是东晋太元二十年,中国同样深陷乱世的泥潭。

476年,西罗马帝国被日耳曼人摧毁,它的遗产被分裂的欧陆各国继承。东罗马帝国存在的时间较长,以1453年君士坦丁堡的陷落作为其灭亡的标志,但在此前,东罗马帝国的疆域便已不断缩小。

东边的阿拉伯人强盛一时,四处征伐,亦是东罗马帝国难以重振雄风的原因之一。

前文说到,自丝绸之路开辟后,东西方总会有两个大国在中亚争夺霸权。唐朝时,与大唐帝国并立的西方大国是阿拉伯帝国(大食),后者以惊人的扩张速度在7世纪后强势崛起。

唐高宗在位时(649—683年),波斯萨珊王朝被大食打败,末代波斯王被杀,其子卑路斯逃到今阿富汗北部的吐火罗继续抵抗大食人,并两次向东方的大唐发出求救信号。

由于相隔甚远,唐朝对波斯的事情实在爱莫能助,但还是宣布在波斯疾陵城(今伊朗扎博勒)设波斯都督府,任命卑路斯为都督,隶属安西都护府统辖。这是唐朝常用的羁縻制,即对管辖不到的异域设立唐朝官职,继续由当地人治理,表示唐朝的影响力已经传播到此地。

然而,对于波斯与大食的战争,唐军毕竟鞭长莫及。不久后,卑路斯仅存的国土也被大食人攻陷。这位末代波斯王子沿着丝绸之路东逃,进入大唐,接受唐朝的官职,最后病逝于长安。

此后,大唐在与大食的较量中不落下风,唐军只在一次军事冲突中败给了大食。正所谓"好事不出门,坏事传千里",这场著名的败仗在诸多史书中被大书特书。

唐玄宗天宝年间,唐朝名将高仙芝率军翻越昆仑山、帕米尔高原等天然险阻,进入中亚。但因高仙芝错杀石国(在今乌兹别克斯坦)国王,引发众怒,导致石国反叛,向大食请求出兵攻唐。

天宝十载(751年)的怛罗斯之战中,高仙芝带兵数万深入700余里,在怛罗斯(在今哈萨克斯坦)与大食联军相持数日。

由于唐军中的葛罗禄部众临阵倒戈,高仙芝军阵脚大乱,最终败于大食军。这是盛唐经营西域遭遇的一场惨败。后世史家认为,高仙芝"七万众尽没",大败而归。

实际上,怛罗斯之战并未让大唐元气大伤,仅仅两年,高仙芝曾经的侍从、判官封常清升任安西节度使后,继续向西攻略,兵锋直指大勃律,"大破之,受降而还",唐军在中亚依然保存较强的军事实力。

直到安史之乱后,唐朝国力日衰,无暇西顾,才把中亚拱手让给了阿拉伯帝国。

怛罗斯之战在文化史上留下了一项成果,来自一个叫杜环的文人。

杜环出身大名鼎鼎的京兆杜氏,他在怛罗斯之战时随唐军出征,不幸被大食人俘虏。大食人看他才略不可小觑,便带着他一路从撒马尔罕来到了木鹿(今土库曼斯坦马雷)。

杜环在木鹿生活了5年。据他回忆,那里灌溉发达,土地肥沃,绿洲"村栅连接,树木交映",城镇"墙宇高厚,市廛(chán)平正"。

后来,大食在巴格达(在今伊拉克)兴建都城,调回驻扎于木鹿的大军,杜环等一批战俘随军来到了两河流域。在这里,杜环发现,早就有汉人经过丝绸之路来到阿拉伯世界,其中有京城的画匠,也有河东的纺织工人。

杜环后来在著作中记录下了他们的名字,而他们只是在两个帝国夹缝中求生的普通人。史学界认为,中国的造纸术、火药等发明,正是由这些工匠从丝绸之路传到西方。

来到西亚后,杜环的行动相对自由,他穿越了三个不同的宗教区域,成为第一个到达耶路撒冷并留下记载的中国人。之后,他向西穿越沙漠,进入北非摩洛哥一带。

宝应元年(762年),流落异域多年的杜环乘商船从海路返回广州,之后将这趟漫长的丝路之旅写成《经行记》一书。

这部书现已失传,只有少数内容被杜环的同族杜佑辑入《通典》中。

不太走运的杜环,就这样成了当时唯一有明确记载的、到过非洲并留下著作的中国人,这个纪录直到宋元海上贸易空前繁荣的时代才被打破。

海洋之路

阿拉伯旅行家马苏第在其著作中提到了中晚唐以后,中亚人到中国进行贸易交流的情况。

安史之乱后,由于吐蕃与回鹘等部族占据丝绸之路,阻断了东西方交通,中亚的撒马尔罕商人要到大唐做生意,需要先向西到伊拉克的巴士拉,在阿拉伯卖掉一些商品后,再前往印度,走海路抵达中国,这条路线在当时已知的亚洲世界绕了一大圈。

这些中亚商人的目的——广州。

早在西汉,南越王统治岭南时,其王都番禺已经通过南海与东南亚,乃至中亚、西亚的国家进行贸易往来。广州出土的南越王墓中,出现了波斯银盒、蜻蜓眼玻璃、托灯"胡人"俑等带有异域特色的文物。

到了唐朝,广州成为海上丝绸之路的重要港口。当陆上丝绸之路交通断绝时,西方的商人通过海路,将货物源源不断地运到广州。

唐末,陆上丝绸之路的起点长安与海上丝绸之重镇广州,几乎同时遭到毁灭性打击。

据阿拉伯史料记载，黄巢起义军南下进入广州后，为了掠夺军资，大肆屠杀居住于此的阿拉伯商人。

在广州休整之后，黄巢率军北上，朝着关中挺进，直至攻入唐朝都城长安。在位的唐僖宗一边派兵平叛，一边灰溜溜地逃往蜀地。尽管黄巢起义军后来被各路勤王唐军剿灭，但大唐帝国已是行将就木。

广州被黄巢起义的战火焚毁后，迅速恢复了生机。宋元时期，中国的造船技术领先于世界，广州与泉州、宁波等港口城市，延续海上丝绸之路的万里繁华。丝绸、陶瓷与香料等货物在东西方往来流通。

直至今日，经过千年盛衰兴替，广州依旧拥有旺盛的生命力。

英国历史学家霍普金斯在《世界历史中的全球化》中有过一段评论："在达·伽马与麦哲伦的伟大航行之前，在欧亚大陆和广袤的印度洋上，各主要古老的中心文明已经通过陆路与海路形成了一个共生圈际，这种经济贸易、文化与政治上的交流，是一种古典版本的全球化。"

丝绸之路上，时代的季风席卷而过，带走了商队的阵阵驼铃，还有震撼千古的岁月往事。

参考文献

[汉]司马迁：《史记》，中华书局1982年版

[汉]班固：《汉书》，中华书局1962年版

[晋]法显著，章巽校注：《法显传校注》，中华书局2008年版

[南朝宋]范晔：《后汉书》，中华书局2000年版

[唐]房玄龄：《晋书》，中华书局1996年版

[唐]玄奘、辩机著，季羡林校注：《大唐西域记校注（上下）》，中华书局2000年版

向达：《唐代长安与西域文明》，河北教育出版社2007年版

林梅村：《丝绸之路考古十五讲》，北京大学出版社2006年版

（英）彼得·弗兰科潘：《丝绸之路：一部全新的世界史》，浙江大学出版社2016年版

李伟：《穿越丝路：发现世界的中国方式》，中信出版社2017年版

郭建龙：《丝绸之路大历史：当古代中国遭遇世界》，天地出版社2021年版

3 长城：为什么说不到长城非好汉

说起长城，褒者有之，贬者亦有之，也有很多关于长城的故事。

一个典型的例子，就是"孟姜女哭长城"。

齐地孟姜女的丈夫被秦始皇征召去修长城后积劳而死，孟姜女跑到长城下，哭了三天三夜，竟然哭倒了长城，从倒塌的城墙中找到了丈夫的遗体。

实际上，孟姜女的哭声不可能摧毁城墙，这仅是一个凄惨的民间故事而已。

在最初的记载中，孟姜女与长城也没有关系。

《左传》与《礼记》记载，孟姜女是春秋时期齐国将领杞梁的妻子，丈夫战死后，她抚棺大哭。到了西汉，《列女传》添油加醋地描绘了一句"乃就其夫之尸于城下而哭之"，但这里的"城"指的是春秋时期的齐长城。再到后来，孟姜女哭长城就变成了秦时的故事，杞梁也成了被征发修长城的民夫。

据国家文物局统计，历代长城总长度约两万公里，修筑历史跨越了两千多年。有多少人爱它，就有多少人恨它，所以民间故事也在一定程度上反映了当时的民意，但其真实性难以考证。

万里长城这份祖先留下的伟大遗产，到底承载了多少历史记忆？

列国的遗产

一般认为,长城诞生于春秋战国时的列国纷争。

春秋时期,诸侯混战,竞相争霸,楚国率先在边境修筑连续的军事堡垒,并用城墙连接,以抵挡来自其他诸侯的进攻。

这就是长城的雏形。

楚国修筑的长城,史称"楚方城",濒临汉水,以砖石垒砌于楚国北部边境的崇山峻岭上。

《左传》记载,楚成王十五年(公元前656年),齐国派兵前来攻打,楚将屈完率军迎敌。到了召陵(在今河南漯河)这个地方,屈完派人对齐军说:"你们真要来攻打的话,楚国有方城作为城防,汉水作为护城河,足以与你们一战。"

齐国国君齐桓公亲眼看到楚方城坚固的防御工事后,感觉正面迎敌难以取胜,只好先撤退。

史书记载,楚方城为楚国阻挡了敌人的多次进攻,其他诸侯从北面攻打楚国,进攻到汉水边的方城时就被长城阻隔,无法前进。

到了战国时期,诸侯互相兼并,秦、燕、赵、中山等国,纷纷在自己的领地上修筑长城。

秦国有秦昭王长城,修筑于秦昭王在位时期(公元前306—前251年)。

据说,由于秦国用来抵御西戎的长城所用土石皆为紫色,遂有"紫塞"之称(崔豹《古今注》:"秦筑长城,土色皆紫,汉塞亦然,故称紫塞焉")。

于是,后世多用"紫塞"来指代北方边境。秦国西边的义渠等部落来到这道紫色的高墙下,便知道已来到了秦国的边界。

燕国有燕长城。

《战国策》说:"凡天下之战国七,而燕处弱焉。"燕国一度是战国七雄

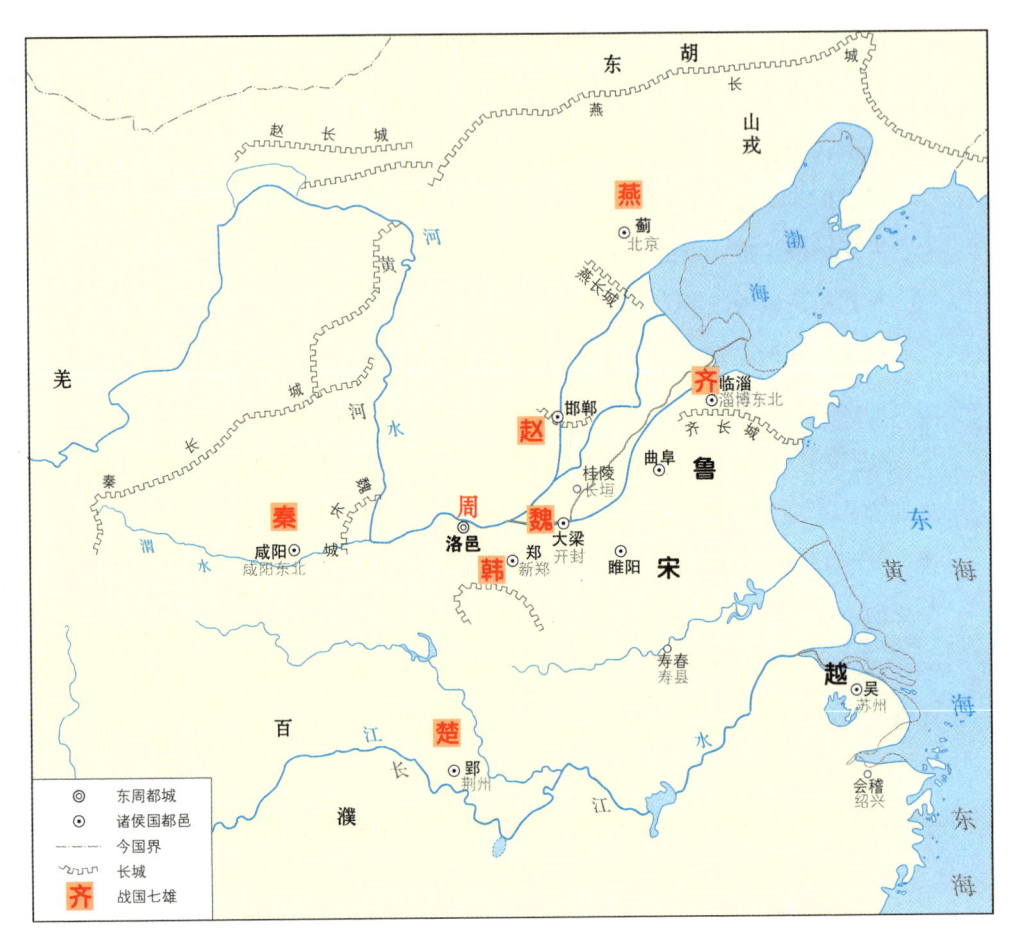

图 5.2 战国时期列国长城分布图

里的弱者,为了防御邻国的进攻,燕人修筑南、北两道长城。燕南长城是为了抵挡齐国与赵国的进攻,而燕北长城是为了防御北方的东胡等游牧民族。

燕北长城,东西走向,长约两千里,西起今河北张家口,东至今朝鲜清川江北岸,由名将秦开主持修筑。

秦开早年在东胡做人质,借机掌握了东胡的诸多军事机密。后来,他到燕国边境贩马,乘机摆脱了东胡的控制,逃回燕国为将。秦开不辱"东胡为质"的艰辛，他成为燕将后，率领燕军大胜东胡，使东胡退却千里。随后，秦开在燕北边地动员军民修筑长城。

秦开主持修筑的燕北长城后来被秦朝继承，而秦开的孙子还去拜见过嬴政。这个孙子叫秦舞阳，13岁便能杀人，随荆轲去刺杀秦王嬴政，却被吓得发抖，功亏一篑。

赵国有赵长城。

赵武灵王胡服骑射，不仅学习北方游牧民族的服饰，发展骑兵等，还在赵国北部边境修筑了"自代并阴山下，至高阙为塞"的赵长城，其东起今河北张家口境内，西至今内蒙古乌拉山与狼山之间的缺口，长约650公里。

这一时期，长城的性质发生了明显的变化。

春秋时期，诸侯修筑长城的目的更多是为了争霸，防备彼此。到了战国时期，长城防御的主要对象转变为来自北方的"胡人"。

中国北方，有一条重要的地理分界线。其走向大致从东北向西南方向延伸，经过大兴安岭、阴山、贺兰山等山脉，将这条线的两边划分为半湿润区与半干旱区，一边受季风影响，适宜农耕，一边受大山阻隔，适宜放牧。

这条线成为农耕民族地区与游牧民族地区的天然界限，与现在的400毫米年等降水量线、季风区与非季风区的分界线基本吻合。

在古代，分界线以南的农耕民族男耕女织，日出而作，日落而息，春种秋收，生活安定；北边的游牧民族逐水草而居，狩猎放牧，不时南下骚扰，尤其是到了寒冷干燥的时节，牛羊难以繁衍，游牧民族便会从非季风区闯入季风区，大肆掳掠。

游牧民族擅长骑射，飘忽不定，往往抢了东西、杀了人便跑，等到南边朝廷出兵追赶时，他们早已骑马远去，追之不及。

事实证明，修筑长城是一个阻挡游牧民族的好办法。

历史上较早利用长城抗击北方游牧民族的人，是赵国名将李牧。

战国后期，李牧长期镇守赵国雁门一带（在今山西朔州），十余年间，屡破东胡，降服林胡，使匈奴不敢犯边。

在边境，李牧命将士们看守赵长城上的烽火台，每次侦察到匈奴进犯，就燃烟传警，让赵军躲入营垒中固守。如此数年，匈奴都以为李牧胆小如鼠，可又占不到便宜。匈奴每次南下既未能掠夺物资，也没有跟赵军交战，只能试探其实力，显耀自己的战力，数次往返徒劳无功。

在匈奴疲于奔命时，李牧在赵长城后训练军队，精选战车1300乘、精骑万余匹、骁勇步兵5万人、弓弩兵10万人，命不同兵种训练战术，协同作战。

等到时机成熟时，李牧派出边境军民引诱匈奴。匈奴单于等待多年，终于有机会与赵军一战，于是轻敌冒进，深入赵境。李牧见匈奴上钩，率领自己训练多年的"特种部队"出战，经过激烈的战斗，大破匈奴，"其后十余岁，匈奴不敢近赵边城"。

李牧镇守赵长城多年，没被匈奴人打败，却败给了赵国奸臣的流言蜚语，遭到罢黜。

赵国罢免李牧，自毁长城，以致军中无良将可用。不久后，秦将王翦率领大军破赵，攻入赵都邯郸。

此后，随着秦始皇一统天下，一道万里长城屹立于北方边境。

秦时明月汉时关

秦长城的遗址大多已湮灭在岁月长河中，但直到今日，提起万里长城，很多人脑海中浮现出的第一个名字还是秦始皇嬴政。

秦始皇灭六国后，为了巩固统一，下令拆除内地诸侯互防的长城，"堕坏城郭，决通川防，夷去险阻"，却保留了北方边境的列国长城，并在秦、赵、燕三国长城的基础上，加以修葺、连接和增筑，修建了西起临洮（今甘肃岷县)、东至辽东(今辽宁辽阳)的万里长城。

秦始皇修长城，同样是为了抵御北方民族的侵掠。

秦始皇统治后期，信任方士，追求长生不老。有一次，方士卢生为他带来一句谶语："亡秦者，胡也。"

胡，可代指北方边境的少数民族，而在当时，北境最强大的游牧民族正是曾与赵国李牧多次交手的匈奴。他们成了秦始皇的心腹大患。

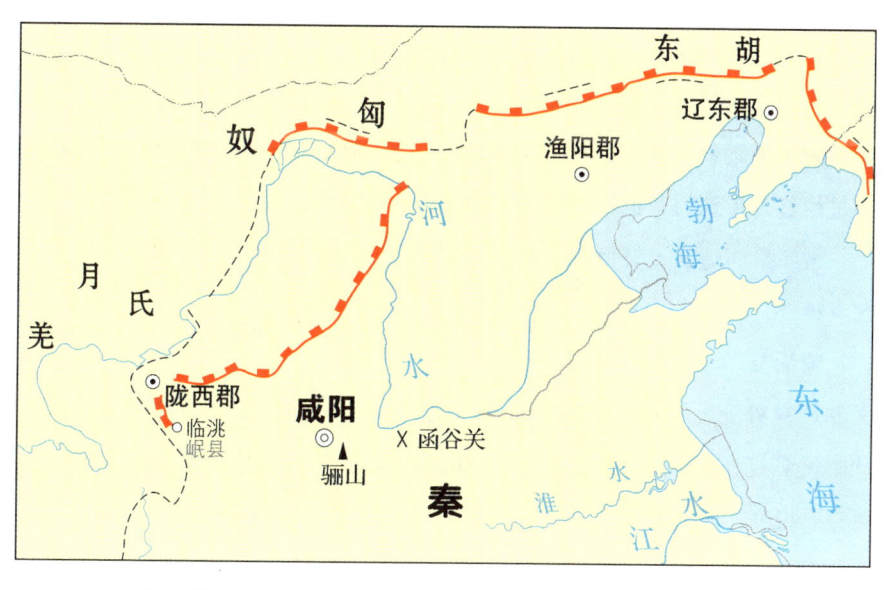

图5.3　秦长城示意图

李牧死后，匈奴人从阴山南下河套，在黄河南北四处劫掠。若无延袤万里的长城，秦军需分兵守卫，难以集中兵力发动战略反击，匈奴人骑着马机动作战，今日在东，明日就可以跑到西边，甚至随时可能南下关中。

为此，秦始皇想到了一条妙计——修筑长城，依地形，借天险，将边境围绕起来，阻断匈奴南下的路线。

秦始皇三十二年（公元前215年），秦将蒙恬率军出征，最终大败匈奴军，一举收复河南地。之后，蒙恬奉命组织大量民工，在燕、赵、秦长城的基础上修筑万里长城。战争中多次大胜、防御工事方面万里长城已筑，秦皇之威乃令匈奴"不敢南面而望十余年"。

作为中国历史上第一道万里长城，秦长城的修筑动用民力多达50万："发卒五十万，使蒙公、杨翁子将，筑修城"。有学者统计，秦朝仅在河套地区集聚的劳工数量，就有数十万之多。

万里长城工程浩大，秦始皇急功近利地动员大量民夫，致使劳役沉重，成为秦朝苛政的象征。后世用春秋时期"杞梁妻"来编造"孟姜女哭长城"的故事，便是对秦长城的谴责。

为修筑秦长城立下功勋的名将蒙恬，直到死前仍对长城工程心怀愧疚，不过他首先想到的，也不是被征发修筑长城的数十万民夫。

秦始皇病逝后，奸臣赵高拥立秦二世胡亥即位。为了消灭政敌，赵高向胡亥进谗言，要求诛杀蒙恬兄弟。

蒙恬被勒令自杀，生命的最后一刻，他喟然长叹："我何罪于天，竟然无罪而被处死？"过了一会儿，他又徐徐说道："唉，其实我本来就有罪，从临洮到辽东，筑长城、挖沟渠万里，可能挖断了地脉。此便是我的罪过啊！"说完，蒙恬服药自尽。

秦朝二世而亡，迅速淹没于各地起义军的浪潮中，"长城亡国"的罪名也就不可避免地被安到了秦始皇头上，很多人只记住了秦长城的罪，而忘却了它的功。

汉承秦制，汉朝不仅继承了秦朝的中央集权制度，也传承了其对长城的营造。汉朝将新长城与旧长城连接为一体，东起辽东，西迄今新疆，构成一道城堡相连、烽火相望的防线，并通过屯田、徙民实边，加强对北方边境的防御。

进入近代，中国因为长期封闭落后而一败涂地。曾经有人将长城与"闭关锁国"挂钩，认为这是中华民族自我封闭的象征。

事实上，长城的意义并不是锁国，而是保卫与防御，以便更好地开放。

汉武帝在位时（公元前141—前87年）的河西长城，沿着丝绸之路修筑，烽燧绵延，亭障相连，成为保护这一国际交通干道安全的防线。

汉时修筑的边塞遗址，至今屹立于丝路之上，其中出土了不少汉朝的丝帛文书，诉说着汉时东西方交流的往事。

有关汉朝修长城的史料现存较少，但出土文物居延汉简留下了生动的记载。

居延地区是汉朝防御匈奴的重要边塞，因此，居延汉简中有大量汉匈和战的内容，记载了汉朝屯田、徙民、筑城的细节。

其中有几枚竹简记载，匈奴进攻汉朝边塞，一般在春夏之交或秋冬时节的早晚时段，千骑之中分成多个数十人团队进行劫掠。为此，汉朝边塞制定了严明的烽燧制度，发现敌情后利用长城及时传递信息，调兵迎战。

汉元帝建昭三年（公元前36年），西域都护骑都尉甘延寿与副校尉陈汤发现匈奴威胁丝路安全，遂集合边塞汉军与西域各属国兵力4万余人，出长城，奔袭千里，斩杀匈奴郅支单于。

陈汤给皇帝的上书中，留下了千古名言："明犯强汉者，虽远必诛。"

明末大儒王夫之有一个观点："国恒以弱灭，而汉独以强亡。"

两汉时期，中央始终对周边"夷狄"有着强大的威慑力，长城内外的少数民族大都听从汉朝的号令。长城拱卫之下的汉朝最后没有亡于"胡人"，而是毁于朝中的内耗。

民族交融下的长城

秦汉之后，长城的建造虽未停歇，但规模不像之前那般浩大。

北魏时，阴山南麓兴起了沃野、怀朔、武川、抚冥、柔玄、怀荒六个军镇。为了防御北方游牧民族柔然南下，北魏沿着北部边境的军镇三次修筑长城。

北魏的统治者是鲜卑族，是匈奴之后崛起于阴山北麓的游牧民族。他们在统一北方后，实行汉化政策，也修筑长城，防御来自大漠草原的游牧民族。

北齐奠基人高欢出自北魏六镇，以军功成名，深知长城的重要意义。他执掌东魏朝政时，下令继续修筑长城。

北朝修筑的长城分成内外两线，总体上看，长城分布区域向内收缩，大部分在秦汉长城以南，这一布局被数百年后的明朝沿用，构成了明长城分布的基本格局。

隋朝建立后，边患又起，北方突厥屡犯边境，东面的高丽虎视眈眈。

隋文帝、隋炀帝父子都曾修筑长城，主要是对北朝长城进行连接和加固。其中，隋文帝修筑五次，隋炀帝修筑三次。

隋文帝修筑长城，虽于开皇元年至开皇七年（581—587年）五次征发劳役，但都选在农闲时间，而且每次动员十余万人，其中多是当地驻军或居民，修建时间仅二旬，视其力所能及。隋文帝每次修长城都与突厥的动向有关，算是利国利民的举措。

隋炀帝修筑长城三次，却不恤民力，大发急役。

大业三年（607年）七月，为了向突厥炫耀武力，隋炀帝举办数千人参加的宴会，招待突厥的启民可汗。同年，"发丁男百余万筑长城"，修筑400里，10日完工，结果"死者十五六"。

大臣高颎得知民夫修长城的惨状后大为震惊，认为此乃亡国之举。结果，他因为议论"长城之役"，被人告发，被隋炀帝以诽谤朝政的罪名处死。

当隋炀帝率领大队人马从都城出发，沿着长城巡视，到达河西走廊的张掖郡时，作下《饮马长城窟行》，描写了巡行边塞的壮阔旅程，其中写道：

"肃肃秋风起，悠悠行万里。万里何所行，横漠筑长城……"

此后，隋炀帝两次大规模修长城，即便天下大旱，也要征发劳役，男丁累死后，还强令妇女去修长城（"丁男不供，始役妇人"），使得尸骸蔽野，天下骚乱。

修完长城，隋炀帝和隋王朝也气数将尽，命不久矣。

有隋朝的前车之鉴，唐朝便不修长城。

唐朝放弃修筑长城，除了其边防更多依靠战斗力强的军队外，还在于唐朝包容的特性。

唐太宗李世民有这样一句名言："自古皆贵中华，贱夷狄，朕独爱之如一。"

在古代，农耕民族长期受到游牧民族的侵扰，但其文化从未中断，始终保持着旺盛的生命力。游牧民族在同农耕民族的和战交往中受到了中原文化的熏陶，而农耕民族也从游牧文化中汲取有价值的部分。

长城以北，东胡、匈奴、鲜卑、柔然、突厥、契丹、女真、蒙古等，你方唱罢我登场。

长城以南，秦、汉、隋、唐、宋、明等，历代王朝兴亡盛衰。

在漫长的历史中，经过战争、贸易、和亲等交流，各民族不断冲突与包容，开拓了中国辽阔的疆土，创造了多元的文化。

五代十国后，随着燕云十六州失守，北境无险可守的宋朝即便欲修长城，也已经有心无力了。

北宋时期，传统的边塞防御体系支离破碎，中原王朝没有长城可以倚靠。宋太宗在北伐失利后，接受大臣何承矩的建议，修筑了一道"水长城"，以遏制契丹人建立的辽政权。

北宋的这道水长城以水为屏障，沿途汇集河流19条、湖泊30个，置堡垒26座、战船百艘，全线长约500公里，西起保州（今河北保定），东达泥沽海口（今天津塘沽口）。

北宋的防线如水般孱弱，吓不倒契丹，也防不住女真，最终，北宋亡于靖康之变的耻辱中。

两宋时期，辽金则修筑过"长城"。

辽太祖耶律阿保机在位时就开始修筑边墙，亦称辽长城。辽除了与北宋并立外，北部边境还有女真、室韦、铁骊、乌古、敌烈等游牧部族不时侵扰。辽军在出兵征讨的同时，又在今中、俄、蒙三国边境修筑了一道全长两千多里的土筑长城。

金的边境问题与辽相似，但金朝的北方戍边军队远至大兴安岭、阴山以北，且以骑兵为主，此前历代长城对金人并不适用，草原上也难以修建高大的墙体。

于是，他们在农牧交界带的北边修筑了一道界壕。金界壕绵亘千里，有壕堡作为防守士兵屯驻之地。

成吉思汗崛起于漠北后，金人于1210年将界壕加高加宽，在今河北与内蒙古一带修筑了乌沙堡长城（也称金大安长城）防御蒙古军队。这是金朝的最后一道"长城"。

然而，蒙古大军势不可挡，乌沙堡长城修筑后不久即被成吉思汗派哲别率领蒙古大军破坏，金朝的统治也摇摇欲坠。

明长城

元朝入主中原不到百年，即被明朝军队驱逐到了漠北。

《明史》记载："元人北归，屡谋兴复……正统（明英宗年号）以后，敌患日多，故终明之世，边防甚重。"

有明一代，几乎每个皇帝都不同程度地修筑过长城。无论是修筑规模、戍边守备，还是现存数量，明长城都堪称空前绝后，总长度为8851.8公里

（2009年国家文物局与国家测绘局公布数据），其主体东起鸭绿江畔的虎山，西至甘肃嘉峪关。

明长城横跨了今辽宁、河北、天津、北京、山西、内蒙古、陕西、宁夏、青海、甘肃10个省区、直辖市，途经156个县域。

明朝，沿着这条波澜壮阔的路线，军镇、卫所、堡垒林立，形成了九边重镇，顶峰时期戍守将士多达百万之众。

九边重镇，自东向西分别为：辽东镇、蓟州镇、宣府镇、大同镇、太原镇（山西镇）、榆林镇（延绥镇）、宁夏镇、固原镇、甘肃镇。

为了防备北元卷土重来，明朝从明太祖洪武年间起开始修筑长城。明初名将徐达攻取大都后，在其周边修筑了多道长城与关隘。

明成祖朱棣迁都北京后，京师距离边境线不过百十公里，紧挨着长城构成的京畿防线，形成此后两百年"天子守国门"的奇特局面。

为了打造固若金汤的长城防线，明朝的文臣武将、能工巧匠为长城倾注了大量心血。

西北诸镇，有三边总制杨一清主持修筑的榆林镇与宁夏镇长城。

明初，边患主要源于退守漠北的北元。成化以后，蒙古、畏兀儿诸部也常常出兵，从西北东进骚扰。

杨一清曾上奏，认为延绥安边营到宁夏黄河横城堡一带长达400多公里，却没有高山巨堑作为险阻，敌骑常常长驱直入，应该在此修筑边墙。

明武宗同意杨一清的建议。于是，朝廷拨经费数十万两，命杨一清修筑长城，强化榆林、宁夏、甘肃三镇防御。

杨一清在西北修筑长城的同时，率军击退蒙古鞑靼兵，却因受朝臣排挤，几度被贬，工程也多次被迫暂停。

嘉靖年间，杨一清升任兵部尚书。当他再度回到西北巡视时，看到那一段段高大坚固的城墙，不禁老泪纵横："老去寸心犹不死，仗谁经略了余忠？"当时，他已经年过七旬，几乎将人生献给了边防。

▶ 地理中的中国史（人文篇）

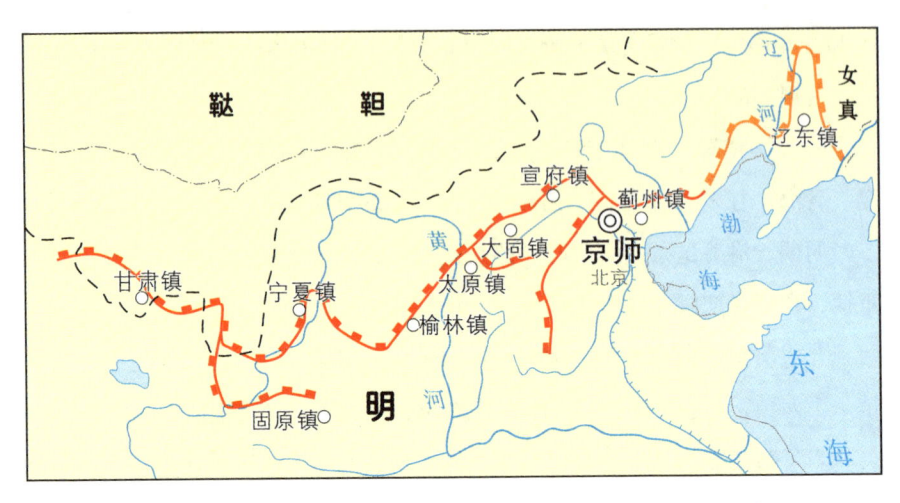

▪ 图5.4 明九边重镇示意图

长城之上，不乏忠臣良将。

明穆宗时期，蓟州镇总兵戚继光到长城一带巡查，发现明初修筑的边墙很多已经倾颓，难以抵御游牧骑兵的进攻。

回禀明穆宗后，戚继光奉命重修蓟州镇长城，主持加固山海关至居庸关段，在沿线兴建一种新的空心敌台，也称敌楼。这种敌楼既可以有效地保护士兵，起到堡垒和瞭望台的作用，在平时又可以储存军械或供士兵居住。每到高山峻岭，戚继光便筑一座敌楼。

现存的金山岭长城即按照戚继光"因地形，用险制塞"的原则设计。其随地势起伏而修建，参差突兀，高低相间，每逢军事要地，便有一个隐蔽的关口，守城士兵凭借长城关口，可用较少兵力抵挡人数众多的对手，起到一夫当关的作用。

戚继光重修的长城多用青砖，现在北京周边常见的青砖长城即是当时的产物。走过昔日蓟州镇长城，抚摸每一块砖石，每一处都有可能是当年戚继光经过的地方。

戚继光镇守蓟州镇十余年，功勋卓著。遗憾的是，内阁首辅张居正去世后，朝中对他进行清算，戚继光被列为其党羽，遭到弹劾，最后被罢黜，导致郁郁而终。

一代英雄，在孤独中离世。

但戚家军留了下来，他们及其后代奉命镇守长城。

长城的英文名是"the Great Wall"，但万里长城并非只是城墙，而是将城、堡、障、堠、关、塞、隘、口结合在一起的军事防御系统。

城墙是长城的主要建筑部分，宛如一条盘踞在大地上的巨龙，经绝壁、穿高山、越沙漠、过草原，串联起成百座雄关、隘口，成千上万座敌台、烽燧，使其彼此配合，也让边军得以在长城上长期戍守。

戚继光修长城时，调遣此前在东南沿海抗击倭寇的军士北上戍边。有些军士举家搬迁，一个家庭负责戍守一座敌楼，因此，这些敌楼被冠以家中主人的姓氏，如"张家楼""赵家楼"等。

戚家军的后裔在这片土地上繁衍生息，一直守护在祖上修筑的长城身边。直到现在，长城附近的村镇还有许多戚家军的后代。

明人笔记《暧姝由笔》中有着对戍守长城的军人的生动记载，白话翻译后更显其意趣：

长城上的一个墩台，居住了七个士兵和三只小动物——一鸡一猫一狗。

几名士兵在墩台上日夜守望，有人负责煮饭，有人负责守夜，还有四人分列东西南北，各守一方，一旦发现敌情就需汇报，即便饮食时间也要有人在台边瞭望。

三只动物也各司其职，鸡负责报晓，不知紧要时是否能充当军粮；猫可根据其瞳孔变化来知悉当日时间，因为古代没钟表，只能用原始的方法；狗是最忠实的伴侣，晚上跟着士兵一起熬夜，白天却第一个从城楼下去，探查附近是否有埋伏的游牧民族。

长城下的壕沟设有陷阱,运气好时还会有野鹿自投罗网,将士们就可以饱餐一顿,改善伙食。

无论在哪个时代,为国家与民族把守大门的"守夜人",都值得人们敬重。

最后的长城

山海关以东部分的明长城,被称为"辽东边墙"。

过去学界常认为明长城的东起点是蓟州镇的山海关,直到近几十年,辽东镇长城才逐步得到研究,其神秘的面纱才被揭开,辽宁虎山也被确定为明长城的东端。

辽东边墙是明朝为了防备蒙古兀良哈部与后来兴起的女真各部而修筑的。

女真首领努尔哈赤发布"七大恨"讨明檄文,建立后金政权后,与明军在辽东边墙一带展开多次大战,并逐步逼近蓟州镇的山海关。

明天启六年(1626年),山海关外驻防长城的明军,除了镇守宁远城的袁崇焕部外,都撤到了山海关内。宁锦防线顷刻瓦解,但袁崇焕面对后金军队的猛烈攻势,坚决不退,拼死守住宁远城。

此战,努尔哈赤率领十余万大军日夜攻城,却被袁崇焕用弓箭与大炮阻拦,后金军攻城不下,只好退兵。一说努尔哈赤在战斗中被明军炮火击伤,数月后不治而死。

力挽狂澜的袁崇焕没能战死沙场,却被生性多疑的崇祯皇帝以谋反罪凌迟处死,留下另一个历史谜团。

长城最终还是没能守卫北京,却见证了王朝的末路。万里长城永不倒,垮塌的往往是人心。

　　崇祯十七年（1644年），闯王李自成攻入北京，崇祯帝在煤山上吊自缢。后来，李自成军也走上了快速腐败的道路，士兵四处搜刮钱财，军民之间人心惶惶，士民愤恨。

　　李自成派人前去劝降明朝的辽东总兵吴三桂。吴三桂权衡利弊，本来"欣然受命"，将山海关留给部下镇守，自己率领军队去向李自成的大顺政权投降。

　　行至中途，吴三桂见到从北京逃出的家人，得知自己一家也在清算之列，遭到了大顺军拷打劫掠。吴三桂大怒，当即撤回山海关。李自成听说吴三桂反悔，亲自率军来攻山海关。

　　吴三桂孤立无援，致信清摄政王、努尔哈赤第十四子多尔衮，与关外的清军联合，向大顺军展开反攻。

　　李自成不知清军已到山海关，以为关城易守难攻，便将攻城的大顺军一字排开，诱使吴三桂出城交战，然后首尾相顾，实现包围。

　　多尔衮识破李自成的意图，让吴三桂先出城迎战，等到吴三桂陷入重围时，清军两白旗共两万骑兵从外围杀入，形势瞬间转变。大顺军陷入吴三桂与清军的夹击，顷刻之间，"战场空虚，积尸相枕，弥满大野"，清军追击二十里，遇到大顺士兵就斩杀，大顺军投水溺死者也不在少数。

　　山海关之战后，吴三桂降清，大顺军溃败，清军夺关南下。这座被称为天下第一关的长城关隘，成为决定历史命运的舞台。

　　清廷入关后，抛弃了传统的长城观念，认为"固国不以山溪之险"。清朝统治者把怀柔各民族作为稳定边境的首要政策，因此不再修长城，只是对明长城加以修缮，一些年久失修的长城则逐渐残破。

　　康熙帝在位时，看到大臣上书请求重修长城，便回复道：

　　"帝王治天下，自有本原，不专恃险阻。秦筑长城以来，汉、唐、宋亦常修理。其时岂无边患？明末，我太祖统大兵长驱直入，诸路瓦解，皆莫敢当。可见守国之道，惟在修德安民。民心悦，则邦本得，而边境自固，所谓众志成城者是也。如古北、喜峰口一带，朕皆巡阅，概多损坏，今欲修之，兴功劳役，岂能无害百姓？且长城延袤千里，养兵几何，方能分守？"

康熙帝这番话，是说仁政才能安定民心，老百姓高兴了，国家就可以长治久安，边境自然安定，这是众志成城的道理，不能专门靠险阻来防御，而且修筑长城劳民伤财，有损百姓利益。

当时，康熙帝平定四方，北元末裔林丹汗败于青海，蒙古诸部归附，准噶尔汗国也被清军击溃，狼狈而逃。

在康熙帝看来，长城不必再修，这道防御建筑已经过时了。

清朝前期，出于文化冲突的考虑，统治者以长城为界，严禁蒙汉两族人自由迁徙，只有部分山西商人可持许可证通过。

后来，清朝放开限制，长城的重要防御关口演变成南来北往的中转站，边塞城堡商旅云集，遍地开满钱庄票号、旅店饭馆。其中最有名的当数位于山西朔州的杀虎口和河北的张家口。各地商人经过废弃的长城，从此处北上蒙古高原，乃至俄罗斯。

直到晚清，曾国藩、左宗棠等名臣见国家内忧外患，战乱不止，才在中原腹地与新疆边塞新修长城。

从修筑时间来看，这几道长城成了封建帝制时代最后的长城。

但长城的精神并未消亡。

20世纪30年代，这道古时候农耕民族抵御游牧民族侵扰的坚实壁垒，成为中国军人抗击日军的战场。轰轰烈烈的长城抗战就此展开。

1933年，已经侵占东北的日军挑起战火，进犯山海关。山海关守将何柱国下令坚决抵抗，发布《告士兵书》："愿与我忠勇将士，共洒此最后一滴血，于渤海湾头，长城窟里，为人类张正义，为民族争生存，为国家雪奇耻，为军人树人格，上以慰我炎黄祖宗在天之灵，下以救我东北民众沦亡之惨。"

何柱国所部与日军血战三日，不敌撤退。日军进入山海关后，见到城中穿着军装或拿着武器的人就立即枪杀，并用炮火将古城建筑摧毁。

热河失守后，日军又派兵从冷口、喜峰口、古北口三处向长城防线发起进攻。

镇守喜峰口的第29军在装备落后的情况下，挥舞大刀向敌人头上砍去。古北口的中国军人以伤亡数万的代价，坚守数十日，死守北平门户。

尽管长城抗战失败了，但新的长城却在民众心中渐渐矗立起来。后来成为国歌的《义勇军进行曲》响彻大江南北，开头几句就是："起来！不愿做奴隶的人们！把我们的血肉，筑成我们新的长城！"

中华民族在长城留下了太多记忆。

长城有帝王的雄心，有民夫的汗水，有将士的铁血，有民族的交融，有执政的教训，有戍边的功绩，有炮火的轰鸣，有箭矢的痕迹，有金戈铁马的呼啸，也有紫塞秋风的壮美。

近代民主革命家孙中山说起长城，也是满腔的自豪："中国最有名之陆地工程者，万里长城也。……工程之大，古无其匹，为世界独一之奇观。"

作为人类历史上的奇迹，长城当之无愧。

参考文献

[汉]司马迁《史记》,中华书局2006年版

[唐]李延寿:《北史》,中华书局1974年版

[宋]司马光:《资治通鉴》,中华书局2011年版

[清]顾祖禹:《读史方舆纪要》,中华书局2005年版

[清]张廷玉等:《明史》,中华书局1974年版

赵尔巽等:《清史稿》,中华书局1998年版

景爱:《中国长城史》,上海人民出版社2006年版

陈序经:《匈奴史稿》,中国人民大学出版社2007年版

罗哲文:《长城史话》,北京出版社2018年版

徐永清:《长城简史》,商务印书馆2021年版

(美)盖洛:《中国长城》,山东画报出版社2006年版

(美)拉铁摩尔:《中国的亚洲内陆边疆》,江苏人民出版社2008年版

4 大运河：
隋朝是因为挖掘运河才灭亡的吗

757年，当安禄山的叛军猛烈冲击江淮防线时，大唐帝国到了最危险的时刻。

从755年十一月安禄山起兵，到第二年洛阳和长安相继陷落，尽管唐朝的政治中心沦陷，但对于大唐帝国来说，赖以生存的经济基础——江淮地区，并未受到冲击。依赖着来自江淮地区的财赋，大唐帝国的军队仍然拥有源源不断的支援。

于是，安史的叛军，开始向睢阳城发起猛烈冲击。

当时，作为守护江淮流域的屏障，睢阳位处隋唐大运河的重要支点，如果睢阳陷落，那么作为运输江淮财赋的大运河也势必将被叛军掐断，并且叛军还可从此南下江淮地区，彻底摧毁大唐帝国的经济基础。

为此，守将张巡等人先后坚守睢阳周边近两年时间，历经大小400余战，一直战斗至757年十月全军覆没，睢阳城最终陷落。

有赖张巡等人的坚守，作为大唐帝国运输江淮财赋的生命线——大运河得以保全不失。

大运河不失，大唐帝国就还有生的希望。

运河：封建时代的智慧交通

早在春秋时期楚庄王时，孙叔敖就在今天湖北一带的云梦泽畔开凿人工运河，此后约100年，吴王夫差开凿了连接长江与淮河的邗沟，并挖掘运河荷水连接黄河，率兵北上中原参与诸侯争霸。

到了战国初期，魏惠王又指挥开凿了连接黄河与淮河的鸿沟水系，从而为中国的水运时代开启了先声。

从春秋战国时期开始，中国境内的各个政权开始不断修建运河，从秦国修建灌溉关中地区的郑国渠，到秦朝开凿连接岭南地区的灵渠，再到汉朝开凿漕渠连接黄河与渭水，东汉末年曹操指挥修建白沟、平虏渠等人工运河……可以说，中国的水运工程，一直在源源不断的修建之中。

到了隋朝，再次实现大一统的大隋帝国用隋文帝和隋炀帝两代人的时间，先后开凿了广通渠、山阳渎、通济渠、永济渠、江南河，连接起了一条以洛阳为中心、北至涿郡、南至余杭的大运河，这就是在历史上赫赫有名的隋唐大运河，也是京杭大运河的前身。

从隋唐时期开始，尽管中国的政治中心仍在关中地区的长安，但中国的经济中心逐渐东移到江淮流域。由于古代陆运艰难、损耗巨大，因此水运成为最经济便捷的运输方式，通过大运河，江淮地区的财赋得以源源不断运入关中地区，成为哺育隋唐帝国的生命线。

由于向往江淮地区的繁华，隋炀帝杨广曾经3次沿着大运河到江都。隋朝大业十二年（616年）七月，隋炀帝第三次从洛阳下江都。两年后，留恋江都繁华不归长安的隋炀帝在江都被叛军所杀。尽管主持凿通大运河的隋炀帝有望成为一代雄主，但他最终却落得凄凉下场。

对于主持开凿隋唐大运河、成就隋唐盛世的隋炀帝，后人普遍情感复杂。对此，晚唐诗人皮日休评价说：

尽道隋亡为此河，至今千里赖通波。
若无水殿龙舟事，共禹论功不较多。

隋朝因为修建大运河、征伐高丽等工程滥用民力而亡，但因隋而兴的唐朝，却得到了大运河实打实的好处。

618年，唐朝建立。随着帝国再次归于一统，关中地区的人口也不断激增，人地矛盾突出。在最高峰时期，人口超过百万的长安城，粮食缺口达400万石（约合1.68亿公斤）。因此，即使是在年谷丰登的丰收年份，唐朝长安城也是粮食紧缺、人食尚寡。

随着关中地区土地的盐碱化和肥力的不断减退，关中地区已经无法哺育不断激增的人口，大唐帝国的京畿地区，必须通过大运河运输的江淮财赋和粮食来支撑生存。但是，江淮地区的财赋和粮食供应，走水运必须经由黄河进入渭水，再通过其他水道进入长安，黄河三门峡段非常凶险，"多风波覆溺之患，其失尝（常）十（之）七八"。

因此，唐朝的皇帝为了靠近大运河接收江淮财赋和粮食供应，不得不多次到大运河的中心点洛阳"就食"。唐高宗李治在位时，因为长安缺粮，至少3次被迫东移洛阳办公。

大唐景龙三年（709年），由于长安城所在的关中地区接连遭受水旱灾害，再次出现粮荒。于是，有大臣建议唐中宗效仿他的父亲唐高宗和母亲武则天，搬到洛阳"就食"，以方便接受江淮一带的粮食供应。

没想到，唐中宗却发了好大脾气，他十分恼火地说：

"岂有逐粮天子邪！"

经济、政治格局操纵线

但不管唐中宗愿不愿意,大运河已经成为大唐帝国的生命线,这一点在当时的唐人看来,就已经是毋庸置疑的事实。

于是,为了守住大运河、守住江淮地区,张巡等人在安史之乱中,甚至不惜以人肉为军粮,也要守住睢阳城。尽管这在后世引发争议,但张巡等人的坚守,最终为大唐帝国反攻安史叛军奠定了强大的经济基础。

总长2000多公里的大运河,沟通了长江、黄河、淮河、海河和钱塘江五大水系,形成了以政治中心长安、洛阳为轴心,向东北、东南呈现扇形辐射的水运网。这种布局,也极大影响了此后1000多年的中国城市布局和政治中心走向。

观察历代国都地址变迁可以发现,从隋唐时期开始,国都沿着"长安—洛阳—开封"从西向东迁移,此后从南宋开始,又沿着"杭州—北京—南京—北京"这一从南到北、从北向南的路线迁移。这种从西向东、从北向南的十字走向,其实就是隋唐大运河和京杭大运河的脉络走向,可以说,大运河的走向与历代的国都迁徙出现高度重叠,绝对不是简单的偶然,而是一种政治与经济结合的必然。

在隋唐大运河的哺育下,中国的城市格局也出现了重大变化。在隋唐以前的魏晋南北朝,长安和洛阳由于常年的战乱受到了严重摧残,与之相对,临近漳水、拥有河运便利的邺城,还有远离中原战火的河西走廊的武威,甚至远在黄土高原的平城,都曾经一度成为地方政权的国都。

但在隋唐大运河开通以后,长安和洛阳由于大运河的哺育,再次焕发了生命力,而在大运河沿线,沟通江淮流域和关中地区的扬州,则崛起成为大唐帝国的第一经济都市。此外,大运河沿线的楚州(今江苏淮安)、苏州、杭州、润州,以及大运河北线的魏州(今河北大名东),中线的汴州、徐州等城市也纷纷崛起。因此可以说,在隋唐大运河凿通后的1400多年间,中国最重要的城市格局，基本是沿着大运河的走向不断兴衰起落。

对此唐朝诗人李敬方就曾经在歌颂大运河汴河线的《汴河直进船》中写道：

汴水通淮利最多，生人为害亦相和。
东南四十三州地，取尽脂膏是此河。

大唐帝国因运河而兴，也因运河而衰。

安史之乱以后，由于北方多地陷入藩镇割据，而西北的河西走廊等地又被吐蕃占据，这就使得困守陕西关中地区的大唐帝国更加仰赖大运河运输的江淮财赋。关中地区长期缺粮，如何供养关中地区庞大的军队和人口，也就成了非常棘手的问题。

当时，大运河由于引入黄河等河水，各条渠道泥沙含量非常高，如果平时不加疏浚，则往往一两年后，大运河就会淤塞。安史之乱以后，由于唐朝中央财力日益困窘，这就使得大运河的许多河渠未能得到及时疏浚，从而使得河运和物资供应日益艰难。

在此情况下，大唐帝国被迫将供应军粮的任务转向地方，"应须兵马、甲仗、器械、粮赐等，并于本路自供"。另外，唐朝中央为了减少粮食运输的耗费，还经常将军队分散到地方供养，这就使得地方节度使掌控了地方的赋税和粮食，从而掌控了军队的命脉。这种将军队供应权下放到地方的结果，就是使得唐朝中央与地方藩镇"弱干强枝"的不利局面更加突出，从而加剧了藩镇割据和唐朝的衰亡。

另外，黄河泛滥的加剧，也使得大运河经常遭遇洪水和泥沙的冲刷淤塞。随着隋唐帝国的统一，中国人口不断增加，黄河中上游的森林植被也不断遭到破坏。在唐朝290年的历史中（618—907年），黄河共决溢24次，平均每12年1次，决溢更频繁，这更加使得大运河在安史之乱以后，时时出现支流淤塞、阻碍航运的局面。

尽管倚赖着大运河，唐朝还在小心翼翼地生存，但是来自流民起事的烽火，却即将成为摧毁大运河的导火索。

安史之乱爆发100多年后，唐僖宗乾符元年（874年，一说是乾符二年），私盐贩子王仙芝在长垣（今河南长垣东北）起兵。875年，另外一位私盐贩子黄巢也在山东菏泽一带起兵响应。王仙芝死后，黄巢带领军队从山东打到了广州，又从广州打到了长安，这种纵贯大唐帝国东西南北的大破坏，使得大唐帝国的藩镇割据更加剧烈。在藩镇割据的影响下，大运河名存实亡，已经无法向唐朝中央和关中地区运输来自江淮地区的财赋。

失去了生命线的哺育，大唐帝国岌岌可危。

尽管在唐军的合围下，黄巢最终于中和四年（884年）兵败，但唐末的这次起义，却使得唐朝遭受了极大打击。黄巢起义被镇压后，江淮地区也陷入了大动荡，例如一度成为唐朝第一经济都市的扬州，在黄巢起义后陷入了长达5年的军阀混战，以致扬州"庐舍焚荡，民户丧亡，广陵之雄富扫地矣"。

大运河淤塞，运河沿线城市尤其是江淮流域的动荡，使得大唐王朝失去了经济支柱，唐廷最终沦为了军阀和政治强人的傀儡。在这种情况下，到了天复四年（904年），军阀朱温强迫唐昭宗迁都到了更靠近黄河水运的洛阳。3年后，朱温又强迫唐哀帝禅位，随后朱温即皇帝位，灭大唐，改国号为"梁"。

水治则国兴

904年，朱温强拆长安城，下令迁都洛阳，这是中国城市变迁史上的转折性事件。

在此之后，长安彻底没落，再也没有成为统一王朝的国都。这种变迁的根本原因，一方面是中国经济中心的不断东移南迁，另一方面则是长安所处的关中地区生态日益恶化、不利水运、交通不便……种种因素的综合，最终成就了大运河上另外一个明星城市——开封的崛起。

朱温废唐自立后，升汴州为开封府（今河南开封），建为东都，而以洛阳为西都。朱温建立的后梁，其真正的政治中心是开封。在五代中，除了后唐定都洛阳外，后梁、后晋、后汉、后周都以开封为政治中心，这种选择，最主要是因为开封临近黄河和大运河。

北宋代替后周立国后，仍然以开封为国都。由于开封除了北临黄河外，其他三面都是平原，无险可守，为了拱卫京都，北宋在开封周边布置重兵守卫，庞大的军队与政府开支，使得开封的漕运至关重要。

在此情况下，北宋在开封原有的大运河汴渠之外，又疏通开凿了广济河（即五丈河）、金水河、惠民河，这四条河渠被统称为"漕运四渠"。

在漕运四渠中，汴渠也就是汴河水道连接的太湖平原地区至关重要。对此北宋时人评价说，正是因为汴渠连接的江淮地区的供应，北宋才得以立国：

"当今天下根本在于江淮，天下无江淮不能以足用，江淮无天下自可以立国。何者？汴口之入，岁常数百万斛，金钱布帛百物之备，不可胜计。"

同样得益于运河的哺育，北宋取得了比唐朝更加显著的经济成就，开封成为当时的世界第一大都市。1127年靖康之变金兵攻破开封、灭亡北宋后，为了阻挡金兵铁骑，1128年，南宋军队在今河南滑县西南扒开黄河大堤"以水当兵"，造成了黄河下游的第四次大改道。

南宋军队扒开黄河大堤后，黄河形成了新旧两条河道，并在黄河到淮河之间到处摆荡。由于这个位置刚好处于南宋与金的对峙前线，因此宋金双方都无意堵塞决口，以致黄河在整个南宋时期，一直在北方呈现到处泛滥摆荡的局面。

于是，在整个南宋时期，从开封到北方的大运河沿线都受到了黄河泛滥

▶ 地理中的中国史（人文篇）

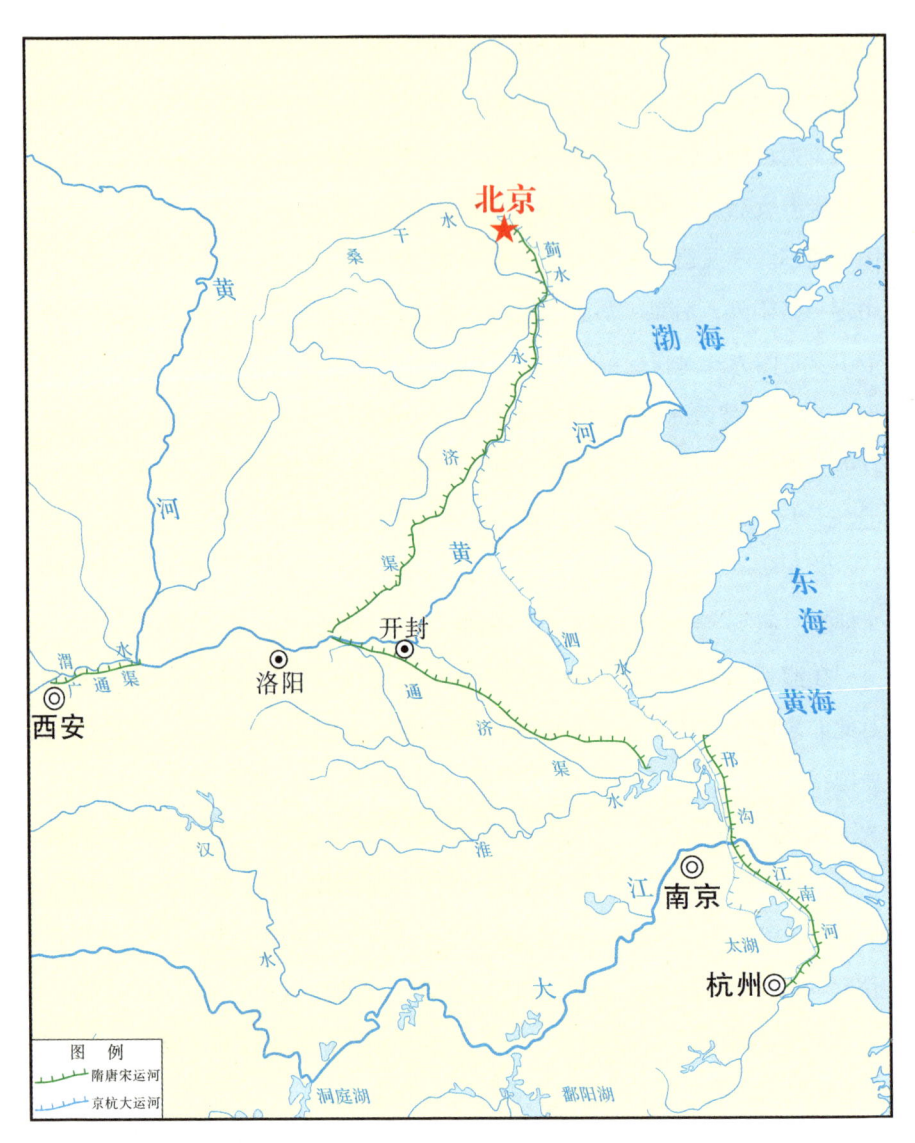

图5.5 大运河示意图

的极大影响，这种局面，一直延续到南宋灭亡。

元朝攻灭南宋以后，为了打通政治中心大都与经济中心江南地区的联系，通过疏浚隋唐大运河旧道和开凿新道，修筑了一条全长1700多公里，南起余杭，北至大都，途经今天的浙江、江苏、山东、河北四省及天津、北京两市，贯通海河、黄河、淮河、长江、钱塘江五大水系的大运河，这就是京杭大运河。

尽管京杭大运河全线贯通，但受唐宋以来黄河多次自然和人为泛滥的影响，京杭大运河经常被泥沙淤塞，漕运经常受阻，加上沿线水源不足不胜重载，因此元朝时从江南通往大都的漕运大多需要通过海运运输。到了元朝末年，大运河的会通河等河段竟然废弃不用。到了明朝初年，连接山东东平和北京通州的会通河河段，已经淤塞断阻了三分之一。

明朝初期定都南京。永乐十九年（1421年），明成祖朱棣正式迁都北京。在迁都前，朱棣命人重新疏浚打通了会通河。鉴于黄河泥沙进入运河的危害，为了避开从徐州到淮阴这一段300多公里的黄河之险，从明朝中叶到清朝康熙中期的100多年间，明清两代帝国不断开挖新河，最终使得京杭大运河全线基本改为人工河道。

大运河，再次进入了黄金时代。

口岸：经济都市雏形

随着京杭大运河的贯通，沿线的城市也再次兴盛发展起来。

在京杭大运河的带动下，沿线的城市从山东德州、临清、聊城，到江苏中北部的徐州、淮安、扬州，再到长江以南的镇江、常州、无锡、苏州，浙江境内的嘉兴、湖州、杭州，无数城市和重镇因为大运河而兴，这也掀起了中国历史上一场浩浩荡荡的城市运动。

当时，山东临清因为临近会通河，成为北方重镇；济宁每年更是有400万艘次漕运船舶经过；此外，大运河沿线的南阳镇、清江浦（淮阴）、王家营等小镇崛起。到了明朝万历年间，大运河沿线设立了8个征税的榷关：崇文门、河西务、临清、九江、浒墅、扬州、北新、淮安。这些地方，都因为大运河的缘故，或是从小镇崛起成为城市，或是维持了更加持久的繁华。

这种因运河而兴的城市格局，也影响到了今日的中国城市分布。

扬州，作为京杭大运河上的明珠和南北交通枢纽，更是璀璨夺目。

尽管曾经历两宋之际以及明末清初等战乱，但坐拥漕运、盐运和水运之利的扬州，仍然在战乱之后继续强势崛起。从唐朝安史之乱以后，北方人口不断南下，持续补充着扬州的血脉，到了清朝康熙时期，扬州更是成为当时人口超过50万的世界十大城市之一。

元朝时，粮食等物资大多通过海运运输到大都。清朝初期实行严格的禁海令，这就使得京杭大运河成为整个国家物资从南到北运输的最主要通道，因此，位处京杭大运河要冲的扬州，成为鸦片战争以前中国最为发达的经济都市。时人记载说：

"国家岁挽漕粮四百万石，以淮、扬运道为咽喉。"

位处京杭大运河要冲，作为两淮地区的盐业垄断集散地，以及南粮北运的漕运中心，扬州也就成了"四方豪商大贾，鳞集麇至。侨寄户居者，不下数十万"的超级都市。

清朝时，扬州被指定为两淮地区盐业营运中心，当时扬州地区的盐运年吞吐量达到了6亿斤。康熙年间，国库年收入不过2000万两白银，而扬州盐商的年利润就能达到1000多万两白银。到了乾隆年间，两淮盐商已经发展成了一个拥有亿万资产的商业资本垄断集团。

扬州的繁盛，使得康熙六下江南，有五次经过或停驻扬州；而乾隆六下江南，更是次次巡幸扬州游玩，他还称赞扬州"广陵风物久繁华"。当时，扬州仅徽商商帮的总资产就达到了5000万两白银之巨，而康雍乾时期的颠峰时代（乾隆时期），国库最高存银也不过7000万两。这使得乾隆皇帝不由得感慨说：

图5.6 因大运河而兴的沿线城市

"富哉商乎，朕不及也。"

乾隆的感慨，针对的正是拜大运河所赐的扬州商人的富可敌国。

历史的命运殊途同归

繁盛的大运河，在哺育唐诗宋词的同时，也哺育了明清的小说和戏曲。

在这种运河的盛世中，曹雪芹的祖父曹寅（1658—1712年）被康熙帝指派为江宁织造。这个职务虽然品级不高，仅为正五品，但其一方面负责为宫廷采购绸缎布匹，另一方面则是皇帝在江南地区的密探耳目。因为承担着特殊任务，所以担任江宁织造的臣子一般都是天子近臣，在江南一带的地位仅次于两江总督，是不折不扣的要职。

倚赖皇家的恩赐，曹雪芹也跟随祖父和父亲，在扬州一带过了一段奢华的日子，这也成为他后来写作小说《红楼梦》的家族背景。而《红楼梦》从本质上来说，就是一部大运河缔造的财富史和家族史。

当时的扬州与北京是并立的南北两大戏曲中心，扬州也成为南方戏曲艺人的汇集之地。乾隆五十五年（1790年），为了给乾隆皇帝祝寿，安徽的三庆、四喜、和春、春台等徽剧戏班纷纷从大运河北上京城献艺。后来，它们与汉调（楚调）戏班同台献艺。

徽调不断吸收昆腔和梆子、吹腔、罗罗腔、汉调等戏曲的精华，最终在北京、天津一带孕育成型一个新的剧种——京剧。京剧本质上是大运河南北交流的产物。

时代的巨变正在酝酿，但大运河沿线的人们和城市却一无所知。

1840年，鸦片战争爆发。此后，清廷被迫开放广州、厦门、福州、宁波和上海五地作为通商口岸。作为海洋时代的产物，沿海口岸城市的诞生，也意味着大运河沿线内河城市衰落的开始。

在海洋时代的冲击之外，清朝的内乱也加剧了大运河的衰落。

1851年，太平天国运动爆发。此后，太平军转战南北，攻占南京，又多次在扬州等大运河沿线城市与清军展开激烈争夺，以致扬州经历了11年之久的战乱，城市毁于一旦，其他运河沿线城市也受到了战争的严重摧残和破坏。

与此同时，黄河的泛滥再次成为大运河的生死点。

在进入清朝以后，黄河平均每3年就发生一次决口，在康熙初年更是几乎年年决口。1855年，黄河在铜瓦厢决口改道，夺大清河由山东利津入渤海，并在东平县境腰斩会通河，致使京杭大运河航运被拦腰截断。

运河被断，一直到1864年太平军被镇压前，清廷根本无法进行疏浚。运河被废，等于掐断了扬州等大运河沿线城市的动脉。受此影响，扬州、临清、淮安等城市，也因太平天国运动及大运河航运的中断，迅速陷入了商业惨淡、人口锐减、百业凋零的境地。

大运河断线了，但国家的生命线却不能断。

为了继续向北京输送江南地区的财赋，支撑战争和经济运转，清廷不得不作出废河运、行海运的决定，对此，(同治)《续纂扬州府志》详细记载道："道梗阻，江浙全漕改由海运，其时江北各邑漕米统归上海，兑交海船运赴天津。"

当时，太平军席卷了整个华中和东南地区，因此包括扬州商人在内的两淮、两湖地区和江浙、安徽、江西等地富商纷纷云集上海，致使周边大量人口和商业资本改而云集上海。随着京杭大运河漕运受阻，拥有海运便利的上海一跃而起。

至此，在太平天国运动的催化作用下，整个中国南北的商业网络格局，由以运河为主转为以海运为主，而依托海运的上海，则成为中国的转口贸易中心和国际贸易中心。从此，扬州依托大运河兴盛千年的商业中心地位，被上海取而代之。

随着海洋时代的到来，大运河的衰落不可避免，而铁路的兴起，更是成了插在大运河心脏上的一把尖刀。

1876年，中国第一条铁路——吴淞铁路上海至江湾段正式通车运营，尽管这条铁路仅仅存在了一年就被清廷赎回并拆毁，但这吹响了中国铁路时代的号角。此后，在洋务运动的推进下，以卢汉铁路（京汉铁路）、京张铁路等为代表,晚清开始了大规模的铁路建设运动。到了1909年,中国境内铁路通车里程已经接近9000公里,并且每年给清廷带来高达2000多万两白银的财政收入。

铁路通达迅速、营收丰厚,并且没有大运河那样需要经常疏浚的烦恼,货运量也更加庞大,于是,在种种优势加持下,铁路在内陆逐渐取代了大运河的交通地位。在海运和铁路的双重夹击下,大运河这条从春秋战国时代就开始部分兴起,隋唐时期进入鼎盛成型阶段,元明清达到高潮的中国运输命脉,最终在时代的变化冲击下,逐渐陨落,退出了中国交通转型的历史舞台。

而回到晚唐,诗人罗邺就在哀婉兴叹隋亡唐兴之际,隐喻地写下了《汴河》一诗:

炀帝开河鬼亦悲,生民不独力空疲。

至今呜咽东流水,似向清平怨昔时。

1000年后回望,大运河不也是同样的命运,流水落花春去也,换了人间。

参考文献

韩茂莉:《中国历史地理十五讲》,北京大学出版社2015年版

邹逸麟:《中国历史地理概述》,上海教育出版社2007年版

戴永新:《唐诗中的大运河》,文艺评论,2011(10)

何佩森:《京杭大运河与京剧》,中国京剧,2019(06)

杜海斌:《唐代粮食安全问题研究》,陕西师范大学博士学位论文,2013年

叶美兰:《近代扬州城市现代化缓慢原因分析》,扬州大学学报(人文社会科学版),2004(04)